销售的艺术

销售心理学

李鑫声　编著

团结出版社

图书在版编目（CIP）数据

销售心理学 / 李鑫声编著 . -- 北京 : 团结出版社 , 2019.4（2023.11 重印）
（销售的艺术）
ISBN 978-7-5126-6982-6

Ⅰ . ①销… Ⅱ . ①李… Ⅲ . ①销售 – 商业心理学 – 通俗读物 Ⅳ . ① F713.55-49

中国版本图书馆 CIP 数据核字（2019）第 082325 号

出　版： 团结出版社
（北京市东城区东皇城根南街 84 号 邮编：100006）
电　话：（010）65228880　65244790（出版社）
（010）65238766　85113874　65133603（发行部）
（010）65133603（邮购）
网　址： http://www.tjpress.com
E-mail： zb65244790@vip.163.com
tjcbsfxb@163.com（发行部邮购）
经　销： 全国新华书店
印　刷： 金世嘉元（唐山）印务有限公司

开　本： 145mm × 210mm　32 开
印　张： 6 印张
字　数： 110 千字
版　次： 2019 年 4 月　第 1 版
印　次： 2023 年 11 月　第 2 次印刷

书　号： 978-7-5126-6982-6
定　价： 29.80 元

前　言

我心是一切，一切是我心。世间万象，一切皆由心起！做好销售最最核心的智慧是心理素质好、情商高，销售工作的关键就是在掌握客户心理的基础上展开攻势，逐一化解销售难题，赢得大单！

“成功的销售人员一定是一个伟大的心理学家。”这是销售行业的一句名言。从这个角度来看，破解销售中的各种难题，完全可以采用心理学战术，读懂客户心声。从某种意义上说，销售就是销售人员通过沟通，将商品或服务出售给那些有需求的客户的过程。也就是说，销售的过程就是人与人之间打交道的过程。很多销售员都知道这个道理，但销售的结果却大相径庭。成功的销售员少之又少，更多的销售人员每天徘徊在路上，踏破铁鞋到处寻，沮丧、疲乏，所获甚少。可见，销售并不是大家常说的那么回事儿。无论是在一线打拼，还是管理公司团队，很多销售员还在循规蹈矩地使用那几个“经典”的销售步骤，一本正经地按照机械的流程去跟客户谈论着、商议着，常常面临着被拒绝的危险。

其实，销售比拼到了最后，就剩下了最简单的一句话：销售一定要懂得心理学。你不要觉得研究客户心理是在浪费你的时间，其实研究他们购买的流程、动机和原因，比那些费尽口舌却不讨好的推销方法要有效得多。

我们正是从心理学角度解读销售活动，涉及销售和心理两个学科的内容，以销售活动为主线，系统而科学地讲述了心理学在销售活动中的应用。对销售人员在销售过程中的不同阶段，消费者的不同心理，以及销售人员应该怎样去面对客户等方面都作了详细介绍，相信会对销售人员的工作有着很强的指导作用。销售就是一场心理战！销售就是心与心的较量！本书融合多年销售实战经验，透过案例分析解读销售心理的种种玄机，并提供行动建议，帮助销售新手成为销售老手，帮助销售老手成为销售高手。

目　录

·第一章·

心理学效应：销售成交的背后的点金手

从某种意义上说，销售就是销售人员通过沟通，将商品或服务出售给那些有需求的客户的过程。也就是说，销售的过程就是一个人与人之间打交道的过程。无数次失败的教训，再加上无数次的深深思索，销售到了最后，其实就是心理学的较量。

把焦点对准客户，拉近彼此的距离

你是不是曾经因为在某次行业聚会上把饮品撒了一身，弄脏了精心准备的衣服而懊恼良久？你有没有曾经在客户办公室不小心摔倒，然后在两秒钟内迅速起身，装作若无其事的样子？你会不会因为穿着一件新买的名牌衬衫，然后认为客户在见到你时会眼前一亮？

我们总认为别人会对我们倍加注意，但实际上并非如此。我们对自我的感觉占据了我们内心世界的重要位置，不自觉地放大别人对我们的关注程度，而且通过自我关注，我们会高估自己的突出程度。这就是心理学中的焦点效应。

焦点效应代表了心理学中公认的一个事实——人都是以自我为中心的。这不仅是心理学中的一个理论，在日常生活中也是非常常见的。无论是在人际交往中还是工作生活中，我们都可以运用焦点效应来为自己服务，例如焦点效应常常成为销售员的公关手段。

推销产品是一项具有挑战意义的工作。在推销产品的过程中，很多销售员总是显得目的性太强，开门见山地将一大堆推销话语砸向客户，让其避之不及，“我们的产品质量……”“我们的产品有很多特点……”“我们最近在搞优惠………”“您对……有兴趣吗？”

谁都不愿意关注别人的事，特别是对陌生的客户来说，他们更不愿意浪费自己的时间去听销售员讲与其无关的事情，因为他们关注的是自己和自己的事情。

西格蒙德·弗洛伊德曾说：“每个人都有想要成为伟人的欲望，这是推动人们不断努力做事的原动力之一。”可以说渴求别人的重视，是人类的一种本能和欲望。客户在购买商品的过程中，同样也体现出这种心理，希望自己成为外界关注的焦点。所以，销售员在面对客户时，如果能表现出自己对客户的关注，那将有利于拉近彼此的距离，打破对方的心理防线，从而进一步了解客户的需求。

一次，王博到一位黄姓客户那里推销陶瓷材料。王博一进门，就看到黄经理在打电话，于是在黄经理的示意下王博在椅子上坐下，等待通话结束。这时，王博发现黄经理的桌子上摆着一张照片，黄经理身着博士服。黄经理的背后是一个很大的书柜，侧面是一幅书法作品，“穷且益坚，不坠青云之志”。下面的落款正是黄经理的名字。

五分钟后，黄经理放下电话，王博站起来递上名片。因为是初次见面，黄经理显得十分警惕。王博面带笑容地说：“黄经理，您是哪所大学的博士啊？像您这样既是这么大的公司的董事长，又是学识渊博的博士，真是很少见，很不容易啊！真是佩服您。”

听到王博的夸奖，黄经理笑着说：“我是××的博士，这也没什么，主要是我平时……你主要是做什么的？”

这时黄经理的警惕性已经少了一大半，王博简单地做了自我介绍，然后双方针对产品进行交流。王博在陶瓷材料行业工作多年，非常熟悉市场情况，无论是陶瓷产品特性还是同行竞品，他都十分了解。

商谈一段时间后，王博感觉到黄经理的购买意愿较强烈，因为黄经理表示非常有必要把这个工作操作起来。不过，当王博报出105100元的报价时，黄经理一下子紧张了起来，谈话出现了僵局，双方陷入了沉默中。

不过，这对王博这个销售老将来说并不是什么大事，在销售过程中这种事经常发生，他已经司空见惯了，如果什么时候直接成交反倒是令人稀奇。他没有在报价上继续纠缠，而是转过头去看了一眼那幅书法作品，然后故作惊讶地说："黄经理，您这幅书法真棒，写得很有神韵，这是您自己写的吗？"

黄经理笑了两声，说："是我写的，我以前学过书法……"经过十几分钟的"闲聊"后，双方再次回到主题上，经过短暂协调和让步后，这笔交易顺利完成。

销售员初次接触客户的时候，一定要多多谈论与客户有关的事情。首先，销售员要学会观察，从细微处发现与客户有关的有价值的东西，如客户案头的书、摆件、衣着配饰等，这些小细节可能在关键时刻发挥着出人意料的作用。其次，销售员的话语要详略得当，不要看到什么说什么，否则客户会认为你对他有某种企图，进而产生戒备心理。再次，话题重点要突出，产品交易方面的问题，如报价、合同等要及时与客户沟通。最后，话题贵精不贵多。如果双方的谈判出现了僵局，那么销售员可以将话题引导到客户身上，缓解紧张尴尬的局面。

巧借留面子效应，让客户欣然接受

查尔迪尼等人曾做过一个研究——“导致顺从的互让过程：门面技术”。他们先是要求一群大学生担任一个少年管教所的义务辅导员，任期两年。结果不出所料，对这件费神费力的工作，几乎所有人都婉拒了。接着他们提出一个小要求，希望这群大学生能够带领少年们去动物园玩一次，竟然有 50% 的人接受了这个要求。与之相对应的是，当试验者们直接向大学生提出这一要求时，仅仅有 16.7% 的人表示同意。

据调查，那些拒绝了第一个大要求的人们认为，拒绝第一个要求损害了自己富有同情心、乐于助人的形象，为恢复自己的利他形象，便欣然接受了第二个小要求。可带领少年们去动物园也是一件很费神的工作，为什么在提出此要求之前设置一个更为困难的要求后，会有高达 50% 的人欣然接受呢？这就涉及了一种心理学效应：留面子效应。

人们都有给对方保留面子的心理倾向。当自己对某人提出一个很大的、会被拒绝的要求，接着向他提出一个小要求时，他接受这个小要求的可能性比直接向他提出这个小要求而被接受的可能性大得多。

当我们想让别人办某事之前，可以提出一个他不大可能做到的事情，等他拒绝且怀有一定歉意后，我们再提出自己真正要让对方办的事情。由于前面的拒绝，对方往往为留些面子会尽力接受最后这项要求。留面子效应是销售员必须掌握的法宝之一。

留面子效应在销售行业特别常见，销售员往往先开出一个客户不能接受的“天价”，然后当客户砍价的时候再逐渐降低价格，结果就是令人满意的“双赢”，客户买到自己满意的东西，销售员完成自己的任务，得到了“佣金”。所以，销售员一定要会运用留面子效应，让客户高高兴兴地“上当”。

某酒厂新推出一款白酒，可是产品上市后反应平淡，订货寥寥无几，大批成品积压，资金周转紧张。面对困境，负责人一筹莫展，苦思良久后，他终于想到一个办法。

首先，他趁着白酒销售旺季在当地举办一场全国性白酒展览会，邀请全国一百多家经销商参展，负责所有经销商的路费、住宿等费用。于是经销商纷至沓来。

客户到了以后，厂家立即安排他们参加展览会，然后把他们集中到厂里召开一个内部交流会。会上酒厂一方提出要求，希望大家协助酒厂在当地开一家酒品专卖店，并把开店的费用逐项列了出来，大概要几十万元。这下所有的客户都沉默着，因为几十万元可不是一个小数目。

见时机成熟，酒厂方面马上按计划提出第二个条件：如果大家觉得开专卖店有困难，那就下一步再说，但现在还是先请大家带点儿货回去试销一下，如果销量好，大家对我们的品牌有信心了，我们再谈专卖店的事情。这时候，现场中早已安排好的人马上站起来，表态支持酒厂的决定，要求订货。这就把现场的气氛带动起来了，众人纷纷响应。没用多长时间，价值上千万元的白酒就全部销售出去了。

这里的白酒厂运用的就是留面子效应，先是提出开专卖店的要求，运用因经销商拒绝而产生的歉意，再提出订货的要求，如此一来，经销商们自然不好意思拒绝，而且相比于几十万的投资，订一点货显得易于接受。如果白酒厂直接要求经销商订货，可能会遇到很大的麻烦。

销售过程中，销售员要会运用留面子效应，让客户心甘情愿地掏钱。

让顾客感觉非买不可的攀比效应

“虚荣是我最爱的原罪”。这句话可以说是对当下人们攀比心理最精辟的描述。攀比效应是人们对一项产品、服务或身份的竞相追逐，并且在一部分群体中逐渐形成一种趋势，大到家世背景、工作收入，小到手机汽车、消费娱乐，大家都希望拥有或体验，否则就会感到低人一等。

生活中的每个人都会忍不住和别人比较，赢了窃窃自喜，输了暗暗自卑。很多攀比可能连自己都没有发觉，比如同事之间互相打听薪资，同学之间询问分数，亲戚朋友之间的各种自夸，这些行为便是人们潜意识里的攀比心态的具体体现。

攀比效应几乎是消费领域中最常见的营销现象。从一款名牌手袋到一辆内置宽屏导航功能的汽车，消费者往往并不是从使用需求角度出发进行消费，这类消费者购买一个名牌手袋，往往只是因为“同事前几天买的这款手袋是最新款的，我也应该拥有一个”而已。当我们把手中的 iPhone 手机从 1 一直更新到 x 时，难道是因为最初的手机真的不能满足使用需求了吗?

攀比效应是销售员手中的一把“利器”。如果销售员掌握好客户的攀比心理，利用这种心理进行推销，那么业绩会好得多。很多客户的购物目的就是满足自己的虚荣心，如果销售人员能在恰当时刻说几句贴心的话，生意自然会变得越来越好做。

一天，一对年轻人来到珠宝店挑选首饰，在挑选的过程中他们看上了一对铂金戒指。女孩儿拿着戒指左右打量，爱不释手。但是这枚戒指价格昂贵，女孩儿一时间有些犹豫不决。

这时，销售员郭淼走来说：“首饰选得很漂亮啊，是给这位美女的生日礼物吗?”

女孩儿说：“是为我们结婚准备的。”

郭淼马上接口：“那可要恭喜您二位了！祝你们白头偕老！”稍做停顿后他继续说：“铂金代表着纯洁的爱情，是身份和地位的象征，代表着爱情的恒久不变。现在很多像你们一样的新人都喜欢佩戴铂金戒指。”

两人已然心动，但是在昂贵的价格面前还是无法决定。

见到两人还有点犹豫不决，郭淼说：“是不是觉得价格贵啊？结婚是一辈子只有一次的事情，怎么能让自己委屈将就呢？现在的年轻人结婚都喜欢佩戴铂金首饰，第一是颜色比较搭配，第二是显得更加高贵、有气质。您的朋友们有近几年结婚的吗？您可以问一下，他们基本上都会选择铂金首饰。作为过来人，我建议你们一定要买铂金的结婚对戒，在婚礼上互换戒指作为永恒的承诺！”

听郭淼说现在的新人都选择铂金首饰作为婚礼上的配饰，这对年轻人再也忍不住了，女孩儿还没说话，男孩儿就开始点头称是，表示不仅要买一对铂金戒指，还要买一条铂金项链，一定不要让爱人留下遗憾。

虚荣，其实是一份并不理性的情感。好攀比的客户通常追求名牌和流行，而且喜欢比价。但是对销售员而言，这就是一个绝佳的机会。要抓住这类客户，我们就要在销售活动中着重强调品牌知名度和流行程度，让客户有一种非买不可的冲动，哪怕他们真的不需要。

“限时限量”营造稀缺效应

由于人们害怕失去或得不到，会对稀有的东西怀着本能的占有欲。这就是心理学中的稀缺效应。

鲁迅先生曾在《藤野先生》一文中说过这样一段经典的话：“大概是物以稀为贵罢。北京的白菜运往浙江，便用红头绳系住菜根，倒挂在水果店头，尊为胶菜；福建野生着的芦荟，一到北京就请进温室，且美其名曰‘龙舌兰’。”

在销售活动中，这种心理尤为明显：越是稀少的东西，人们越是想买到它，哪怕自己并不需要。利用人们的稀缺心理，销售员在销售中可以用“名额有限”“仅有一次”“最后机会”等方式来营造一种稀缺氛围，吸引客户前来购买和消费。

在具体的销售过程中，销售员可以根据市场信息或者与自己推销的商品有关的行情，营造出一种畅销、紧缺的氛围，让客户觉得现在就是购买的最好时机，现在不买以后一定会后悔。

一般来说，制造稀缺效应可以采取两种方式，一是限量，利用产品的限量款等特征打动客户；二是限时，利用限时优惠或限时抢购吸引客户。

某烟草店主要经营高档烟草，生意一般，不过，最近这家店因为店主搞了一次很特别的商业活动而名声大噪。

原来，店主在店里新增了一个打火机柜台，摆出了各式各样的高档打火机，更特别的是出售各种各样的市面上很难买到的老式火柴。高档打火机中有一个是店主请珠宝加工商用水晶精心制作的，打火机上刻有该店的店名，该店名是用金粉镶嵌的，而这个水晶打火机也标到了10000元的天价。另外，店主搜集了以前各地火柴厂生产的目前已经停产的火柴，陈列在柜台里，每盒火柴的价格也非常高，其中最贵的开封火柴竟然标价500元一盒。

此柜台摆出来不久，便吸引了非常多的烟民，大家竞相提价抢购水晶打火机和这些非常稀少的火柴，议购价居然一涨再涨，水晶打火机涨到了50000元，火柴也涨到了2000元，简直是当时的一大怪谈。

更令人不解的是，店主坚决不售，说只是陈设品。大家就不服气了，为什么标价的商品却是陈设品，不出售标价摆出来干吗？局面闹僵了反而使更多的人关注这件事情，有些人将这件事告到了烟草局，但是烟草局认为该行为是纯粹的商业行为，没有违反烟草专卖的制度规定，因而烟草局无权干涉。官方介入此事，使得该烟草店街巷尽知，烟草店的生意也日益兴隆。

案例中的店主迎合了人们追求稀缺品，喜欢获取独一无二的商品，寻求新奇刺激、与众不同的消费心理，使本来门庭冷落、毫不显眼的商店变得车水马龙、风头占尽、名声远扬。人为地“制作新闻”，使烟草店成为消费者的关注热点，借题发挥，引起公众的注意，店主的行为可谓是“醉翁之意不在酒，在乎山水之间也”。

“得寸进尺”的登门槛效应

如果销售员在门槛边上向客户推销产品，多半会遭到拒绝。而一旦进入到客户家里，推销的成功率将大大提升。这就是销售中的登门槛效应。

登门槛效应又称得寸进尺效应，是一个人一旦接受他人的一个微不足道的要求后，为了避免认知上的不协调，或想给他人以前后一致的印象，就有可能接受更大的要求。这种现象犹如登门槛时要一级一级地登，这样能更容易、更顺利地登上高处。

有人曾做过这样的试验：试验者让助手到两个居民区劝人在房前竖一块写有“小心驾驶”的大标语牌。在第一个居民区，助手向人们直接提出这个要求，结果遭到很多居民的拒绝，接受者仅为被要求者的17%。在第二个居民区，助手先请求各居民在一份赞成安全行驶的请愿书上签字，这个小要求当然得到了所有人的同意。几周后，助手再向他们提出竖牌的要求，结果接受者竟占被要求者的55%。

研究者认为，人们拒绝难以做到的或违反意愿的请求是很自然的，但如果他们对某种小请求找不到拒绝的理由，就会增加同意这种要求的倾向，当他们卷入这项活动的一小部分后，便会产生自己是关心社会福利者的感觉、概念或态度。这时如果他拒绝后来的要求，就会出现认知上的不协调，于是恢复协调的内部压力就会支持他继续干下去。

销售员可以使用这种技巧说服客户购买商品，具体来说就是先提出一个人们都能够或者乐意接受的小要求，然后一步步前进，最终达成自己的目的。其实对销售员来说，最困难的并非是销售商品，而是如何开始这第一步。当销售员走入客户家中时，这场销售活动就已经成功了一半，即使最初对方的态度十分强硬，也会在销售员的“得寸进尺”之下沦陷。

登门槛效应在销售中的应用主要体现在对销售时机的把握和提出期望销售目标上。下面就客户消费的几个阶段和特性，结合登门槛效应简要分析。

1. 关注阶段

许多客户在观察商品的过程中，一旦发现自己感兴趣的商品，就会关注商品的基本信息，如质量、产地、包装、功效、价格等。因此，当客户的这种潜意识和购买意向得到引导后，他们就会以自己的主观感情去判断这件商品，也会附加上客观条件，评判该商品的使用效果和价值。

2. 了解阶段

此阶段是客户对商品进一步产生兴趣的稳定期，并且是客户采取进一步行动的直接反应，如开始翻看商品，询问相关信息等。

3. 需求阶段

当客户产生联想或动手查看商品之后，他们就有购买意向，此时，客户在心理上已经默认了销售员的推销意识和行为，但是他们还会产生一些疑虑，如商品功效是否如想象的那么合适？还有没有更好的商品？这些疑虑没有解决之前，他们不会立即购买。因此，处理此阶段的疑虑是销售员推销工作的重点。

4. 评判阶段

解决了疑虑后，综合评估的优劣是本次销售活动的最后一个障碍，客户会最后确认商品的质量、功效等。最终能否引导客户购买，就看销售员这临门一脚的效果了。

5. 犹豫阶段

当客户在买与不买之间犹豫不决时，销售员应该给予他更多信息，通过诸多利好信息和事件，或者其他成交技巧，加强客户的购买意愿，促成最终的成交。

6. 满足阶段

整个销售活动结束后，就进入客户正式感受商品使用效果的阶段，这时，售后服务和使用效果直接影响客户的再次购买和口碑传播，所以销售员应及时跟踪，保证售后服务质量。

登门槛效应告诉我们，捕捉销售时机比销售过程本身更重要，善于利用客户的即时兴趣，引导并激发客户的购买欲望，从而促成成交，是一件十分值得学习和探讨的课题。

百事可乐的横空出世并未引起可口可乐的重视，尽管百事可乐宣称要成为“全世界顾客最喜欢的可乐”，但可口可乐依然认为百事可乐不过是小打小闹，不可能对如日中天的自己构成任何威胁。

初创的上海百事为了迅速打开市场，抢占制高点，果断采用直销模式。当时的饮料市场卖方占有绝对主导权，销售人员坐在办公室里，商家要饮料必须到厂里来提货。但是百事可乐与众不同，它招聘了大量销售员，打造了一支庞大的百事可乐销售队伍。面对有些不接受上门推销的上海人，百事可乐的销售员说，我不进去，只在你家门口站一站。

在那个时候，成百上千的销售员每天在上海的弄堂中穿梭往来，渐渐成为市民眼中一道熟悉的风景。看着汗流满面的销售员站在自家门口略做休息，许多上海人无比感动，觉得他们很敬业，又有礼貌。于是，本来不想买百事可乐的市民，抱着试试看的想法买了一罐喝，感觉味道还不错，索性再买几罐让家人尝尝。

初步打开销路后，上海百事又花费巨资买进了 20 辆“依维柯”车，提供送货上门服务。从这一天起，客户的地位便截然不同了，皇帝般的感觉油然而生。从那时起，百事可乐牢牢占据了上海市场近一半的销售量。随后，上海百事继续运用登门槛效应，相继占据广州、珠海、深圳等沿海城市一半的销售量，并很快将产品打入世界的其他国家。

要想让客户打开口袋，那就先接近客户，一只脚迈进他的门槛，我们的销售活动才算是开了一个好头。在销售中需要注意的是：欲速则不达。过分紧逼客户只能将其吓跑，一级一级地登台阶才能爬上顶峰。

“闪亮登场”初次接触的首因效应

如果我们想将一辆二手车销售出去，卖一个好价钱，应该怎样做呢？首先，我们要把车送到修车厂，将车表面的擦痕磨光，重新喷漆。其次，将车厢装饰一新，换上新轮胎，调整好发动机，总之，使车重新焕发光彩。当客户看车的时候，带上客户兜风，让客户感受汽车的性能。

为什么要这样做呢？道理很简单，一辆外表鲜亮、性能优良的汽车一定能卖个好价钱。其实不只是商品需要装饰，销售员本身也要装饰，一名仪表不凡、风度翩翩的销售员会更容易获得成功。

这是因为人与人之间第一次交往时给对方留下的印象，在他的脑海中形成并占据着主导地位，这就是人们常说的第一印象效应，也就是心理学上的首因效应。首因效应在人们的交往中起着非常微妙的作用。初次相见时，我们一定要留给对方一个良好的第一印象。

销售过程中，第一印象的好坏在很大程度上决定客户是否接受了销售员。如果销售员的出场足够惊艳，在第一时间给客户留下良好的印象，则其销售也会一帆风顺。好的第一印象会使销售工作事半功倍，因此，第一次亮相时，销售员一定要在三方面下功夫，让自己“闪亮登场”。

1. 穿着打扮

俗话说“人靠衣装马靠鞍”，着装打扮在给别人留下的第一印象中往往起着关键的作用。就像商品包装一样，在客户眼中，仪表不凡和风度翩翩会使销售员身价倍增；相反，穿着不得体则会使其形象大打折扣。

一项研究表明，穿着商务制服和领带的销售员所创造的业绩，要比身着便装、不拘小节的销售员高出大约60%。穿着得体会使销售员自信满满，这种积极的状态也会感染客户，进而客户会对销售员产生信任感。如何穿戴才得体呢？

（1）学习稳健型人物的穿着，这种风格代表了可靠，会让人产生安全感。

（2）穿着不要太年轻，这容易招致对方的怀疑和轻视。一般情况下，要尽量让自己显得老成些。

（3）最好不要穿流行的服装，流行服饰适合私下穿，正式场合就显得太过随意。如果一定要赶流行，最好选朴实无华的。

（4）服装的版型、质料、色泽与自己保持和谐。不合身的衣服会使自己像小丑一样，看起来很可笑。

（5）衣着要体现出专业感。正如律师要提公文包而医生要穿白大褂一样，销售员的衣着也应与自己所要传达的信息相一致。如果销售的是美发护发用品，那销售员就应该有一头时髦漂亮的发型；如果销售理财产品，那衣着就要保守庄重。

2. 个人卫生

除了衣着外，个人卫生也是不可忽视的。邋里邋遢会让人产生本能的排斥和反感。经常洗澡——洗澡会使我们看起来神清气爽。

护理头发——经常洗头，保持头发光滑整齐。不要让满头的头屑或乱糟糟的发型影响外观，当然，也没必要过于追求时髦。

经常修面——男士要每天修面，保持颜面干净。

指甲卫生——指甲应保持清洁，勤修剪。

3. 言谈举止

我们是不断活动的人，不是摆着不动的吉祥物，因此，第一印象不仅包括静态方面的外表形象，还包括动态方面的言行举止。言行举止可以体现出教养程度、做人态度、职业素质，会给别人留下深刻印象，成为客户的判断标准之一。

第一次见面时，销售员要表现出怎样的言行举止，才能给别人留下比较好的印象呢？

（1）和客户见面前，销售员要放松心情。

（2）从容地给客户递送名片。

（3）学会等待。

（4）自信地打招呼。

（5）在奉承和勇敢之间找到一种平衡。如果客户不相信销售员，交易就很难成功。接近潜在客户时，销售员不应该有任何疑虑和特别的奉承之词，也不要缩手缩脚、畏首畏尾，而应该在奉承和勇敢之间找到一个合适的分寸，不卑不亢。

周鹏是一位刚进公司的销售新人，他的工作是销售各种防盗门窗。上班第一天，经理就交给他个比较困难的任务，主要是让他感受这份工作，对他能否成功没抱多大的希望。经理让他到一位难缠的客户家里推销防盗门，在此之前已经有五位经验丰富的销售员都在那里吃了闭门羹。

周鹏准备一番后，拜访客户。因为周鹏刚刚入行，没有经验，所以当他站在客户的家门口时，略显紧张，但他还是鼓起勇气摁了门铃。一位中年妇女打开门，听他做完自我介绍后，请他进了屋。

周鹏在那儿待了一个多小时，喝掉了十几杯茶，虽然他表现得有些紧张，但出人意料的是那位女士当场签下合同，买下了价值一万元的防盗门。

在这之前，她已经拒绝五位销售员，而且他们的经验都比周鹏丰富。但是为什么她偏偏选择和周鹏签单呢？原因很简单，女士说：“这个小伙子敦厚的表现让我放心。”

在一个多小时的时间里，周鹏凭着他的谦恭、礼貌、真诚赢得了客户的信任，最终谈成了这笔生意。他没有口若悬河、夸夸其谈，没有和客户谈折扣，没有花言巧语蛊惑客户，也没有低三下四、唯唯诺诺或者趾高气扬、目中无人，仅仅靠自己正直的人格，赢取了客户的喜欢和信任。

给客户留下了良好的第一印象是周鹏成功的关键。假如销售员能被客户喜欢，就已经成功了一半。研究发现，双方初次会面的45秒内就能形成第一印象，而且第一印象能在对方的头脑中占据主导地位，很难改变。

“随波逐流”排队抢购的从众效应

某报纸上刊登了这样一则笑话：一日某人闲逛街头，忽见一长队绵延如龙，赶紧站到最后排队，唯恐错过购买好东西的机会。等到队伍拐过墙角，发现大家原来是排队上厕所，不禁哑然失笑，赶紧退出队伍。这就是盲目从众闹的笑话。

从众是指在群体的引导或压力下，个人的行为朝着与群体大多数人一致的方向变化的现象。通俗地讲，从众就是“随大流”。虽然每个人都标榜自己有个性，但更多的时候，我们总是选择放弃自己的个性而“随大流”。因为我们不可能对任何事情都了解得一清二楚，对于那些自己不太了解、没有把握的事情，我们一般都会采取“随大流”的做法。

其实，凑热闹和随波逐流是群体动物的天性，也是人类的天性。在百货公司或超级市场中，如果哪个柜台前出现绵延不绝的队伍和抢购热潮，其他人也可能加入抢购者的行列。后面加入的人并非真的需要这种商品，这种商品也未必物美价廉，最主要的原因是人们的从众心理，看到其他人都在购买，就会盲目地认为这种商品一定不错，自己千万不能错过，一定要抢到一份。

销售员可以对客户说“很多年轻人都买了这个东西”或“今年这款特别流行，都快卖断货了”。事实上，是否真的有很多“年轻人”买了这个东西，是不可验证的，也是不重要的。对客户来说，销售员只要激起客户的从众心理，就能让其产生购买欲望。

日本的福冈市有一家中型企业，它仅凭 2000 余名员工和 1 亿日元的资本，竟创造出年销售额高达70亿日元且以20%的速度递增的辉煌成就。这家公司就是由多川博开创的日本尼西奇公司。

它的产品既不是什么高档奢侈品，也不是什么高科技商品，而是专为婴儿屁股服务的尿布。它的创始人兼总经理，就是专门从婴儿屁股寻找钱路的多川博，被人们赞誉为“尿布大王”。

创业之初，多川博创办的是一家生产销售雨衣、游泳帽、防雨斗篷、卫生带、尿布等日用橡胶制品的综合性企业。但是公司业绩平平，没有特色，销量也很不稳定，甚至一度面临倒闭的困境。

不久后，多川博偶然发现日本每年约有250万婴儿出生，如果每个婴儿用两条尿布，一年就需要500万条。于是，他决定放弃尿布以外的产品，实行尿布专业化生产。

很快，尿布生产出来了，而且采用了新科技、新材料，质量上乘，同时，公司花了大量的精力去宣传产品的优点，希望引起市场轰动，但无人问津，生意十分冷清，甚至难以为继。多川博万分焦急，经过冥思苦想，他终于想出了一个好办法。

多川博让自己的员工假扮成顾客，排成长队来购买自己的尿布，一时间，公司店面门庭若市，热闹非凡，长长的队伍引得路人纷纷驻足观看：“这里在卖什么？”“什么产品这么畅销，吸引这么多人？”如此一来，尿布旺销的消息就被营造出来了，很多“从众型”的买主纷纷选择购买。

当然，多川博公司的产品质量确实不错，因此人们逐步认可了这种尿布，买尿布的人越来越多。最后，多川博公司生产的尿布越来越畅销，在世界各地都畅销大卖。

“大家都买了，我也买”，从众效应作用下的客户很容易产生这样的心理。所以在销售过程中，销售员不妨利用客户的这种从众心理来减轻客户对风险的担心，从而促成交易。这种方法更容易增强新客户的信心。

销售员在利用客户的从众心理时，需要注意以下几点。

1. 以产品质量为前提

产品质量是销售的关键，只有真正优质的产品才能在激烈的市场竞争中夺得一席之地。同时，产品质量也是利用客户从众心理的前提。如例所示，多川博能够充分利用客户的从众心理打开销路的前提是尿布的质量好，也正因如此，客户购买后才能真正认可这种产品并继续购买，而不是昙花一现。从众心理只是吸引客户的一个手段，销售最终还是要以质量赢得客户。

2. 树购买榜样来激发

虽然每个人都存在从众心理，但能否利用好从众心理取决于销售员的实力，其中最主要的一点是，示例中的老客户要能影响到客户，使其产生共鸣。或者是与客户比较熟悉、身份地位比较接近的人，或者是比较权威、有代表性的人，这样才能将客户的从众心理激发起来。例如，销售员可以说："国内许多知名品牌的电器设备公司都是从我们公司购买配件的，比如××集团……"客户听了销售员的这番话后就会想："连××集团这样具有知名度的企业都在他这里采购，那我也就放心了。"

3. 用真实案例来保障

要想引导客户的从众心理，销售员一定要列举真实的案例，既不要用谎言编造曾经购买的客户，也不要夸大那些老客户的购买数量。如果编造的虚假案例被揭穿，这会严重影响客户对公司的印象，损害公司声誉，这就是自砸招牌。

“人贵言重”减少疑虑的权威效应

“人微言轻，人贵言重”。这一句话是对权威效应的最好阐释。假如一个人拥有很高的地位、水平和威信，往往会被众人依赖、敬重和追捧。这样的权威人物的一言一行无不引导着大众。

试想一下，如果人生病了，而且是疑难杂症，病人去医院最希望挂什么号？毫无疑问，肯定会想方设法挂专家号，希望最有资历、经验最丰富的医生为自己看病，这就是权威的力量。

权威效应之所以普遍存在，主要有以下两大原因。

在现实生活中，权威效应的应用十分广泛。很多企业高薪聘请明星等知名人物做形象代言人，或者突出权威机构对自己产品的认证；企业、商场或者酒店请商界或学界某些名人雅士题字等。如果掌握了客户的这一心理，销售员在销售过程中就可以巧妙地应用权威的引导力来促进产品的销售。

销售员张明理前往客户家里拜访。在为客户讲解产品时，他非常仔细地把产品的功能、特征、优点都一一列举出来。客户偶尔也会提出问题，他都是有条理地做出回答。不仅如此，他还把客户的意见认真地记录在小本子上。

然而，张明理感觉到，客户对产品的质量仍然存在很大的疑虑。为了彻底消除客户的担忧，张明理为客户提供了一份市场调查报告，帮助客户准确了解产品的市场销售状况。

张明理对此非常自信，毕竟这个产品在市场上的销售情况的确很好，而且已经打出了知名度，这一点是非常有说服力的。此外，张明理还拿出产品的认证证书以及权威专家的推荐语。经过这一番“攻势”，张明理终于拿下了这名客户，客户放心地购买了产品。

人们喜欢购买名牌产品，因为其获得了广泛的社会认同，人们可从购买中获取巨大的安全感。权威在一定程度上就代表了社会的认同，也代表了绝大多数人的意见。

销售员要想彻底说服客户，有时候仅靠自己的力量是远远不够的，可向权威借力，充实自己的话语分量，让客户不再犹豫。

禁果效应：你越不想卖，客户越想买

禁果效应也叫罗密欧与朱丽叶效应，是指一个人的某种欲望被禁止的程度越强，所产生的抗拒心理和好奇心理就越强。

禁果效应和两种心理有关，一是逆反心理，二是好奇心理。这两种心理是人类的天性，人们都对不了解和神秘的事物充满好奇，并乐意挣脱束缚，追求自由，越禁止就越要做。

心理学家普拉图做过一个著名实验，他在出版的《趣味心理学》前言结尾处注明“请不要阅读第八章第五节的故事”。事后统计发现，大多数读者采取了与普拉图的告诫相反的行为，先不看前面的章节，反而直接去看第八章第五节的内容。

在销售过程中，销售员经常明面展示产品的功用、特征，使人直观感受到产品的优点，这样的方式效果显而易见，但在同质化的方式面前，人们对于主动呈现的内容已经表现出厌倦情绪。那么，如果换成禁止去看的内容或者给客户以无法得到的暗示，能否吸引客户的注意力呢？

美国德州有一座巨大的女神像，因为年久失修，政府决定将其推倒扔掉。女神像被推倒后，占据了很大的空间，但这些废弃材料既不能就地焚烧，也不能深埋地下，只能装运到很远的垃圾场，保守估计，费用达 2.5 万美元。

这无疑是一份巨大的苦差，没有人愿意为 2.5 万美元去做这件费力的事情。就当政府为这件事发愁时，斯塔克自告奋勇地把这件苦差事揽到头上。因为他知道，这些废料可是一批“宝物”。

他自愿降价承包了这个差事，只收政府 2 万美元，但要求政府不能过问他是如何处置这批废料的。

斯塔克雇人将废料分类整理并拆卸，其中废铜皮制成了纪念币，废铅废铝制成纪念尺，水泥制成小石碑，神像帽子做成小碎块，标明这是女神像桂冠的一部分，甚至就连神像的嘴唇和朽木、泥土都用红绸垫上，包在透明的盒子里。

为了吸引大家的目光，他雇了一大批人，将广场上的这些废物围起来，禁止路人观看，引得人们纷纷猜测里面是什么。

有一天晚上，看守废弃物的一个人松懈了，不小心被某人偷溜进去偷制成品。小偷被抓住后，这件事立即传开，媒体纷纷报道，再加上大家的渲染，很快就传遍了全美。

在这种情势下，斯塔克推出了他的计划，立即推出女神像纪念品，并在纪念品盒子上写道："美丽的女神永远去了，我只留下了她这一块纪念物。我永远爱她。"

这些纪念品很快就被抢购一空，他从中净赚 12.5 万美元。

禁果效应中的逆反心理反映的是客户自我保护、自我防范的意识。每个人做事情都会有自己最初的想法和欲望，都想通过自己的分析和判断做出抉择，不希望受到他人的影响和干预。当销售员与客户沟通时，可以正确运用禁果效应，弥补正面宣传的效果缺陷，激发对方的兴趣。也就是说，越想让客户买产品，他反而越不想买；越不让他买，他反而偏偏要买。

在一家汽车 4S 店，销售顾问问经理："如果您是销售顾问，想要把这辆车卖给我，您会运用什么方法和技巧呢？"

销售顾问以为销售经理会向他介绍车辆的性能和技术参数，再让他试试车，或者交给他一些语言技巧。可没想到，销售经理说：

“这辆车你给多少钱我都不会卖的。”

销售顾问询问其原因，销售经理说道：“这辆车是我们4S店的十周年店庆特订车辆，所以不会卖。”

看到经理那充满笑意的眼神，销售顾问瞬间懂得他这句话的寓意所在。

事实上，禁果效应是一把双刃剑，对于销售员着重介绍的产品，客户往往不是很感兴趣，而对于不着重介绍的产品则充满兴趣，这是由于销售员和客户之间没有建立信任感，也是由于禁果效应的影响。客户总认为你越不想卖的产品就越是好产品，因此越想得到。既然客户有这种心理，销售员不妨利用客户的这种心理完成销售，扩大销量。

“只买贵的”高价热卖的凡勃伦效应

“一定得选最好的黄金地段，雇法国设计师，建就得建最高档次的公寓。电梯直接入户，户型最小也得四百平方米……你得研究业主的购物心理，愿意掏两千美金买房的业主根本不在乎再多掏两千，什么叫成功人士，你知道吗？成功人士就是买什么东西都买最贵的，不买最好的。所以，我们做房地产的口号就是：不求最好，但求最贵！”

——电影《大腕》

我们去买东西的时候，在贵和便宜之间会选择哪一个？很多人会说，“我当然选择便宜的了”；但也有人说，“我会买贵的那个”。例如，鞋店里有两双皮鞋，看上去款式都差不多，有一双标价 200 元，而另一双标价 1000 元，你会选择买哪一双呢？一定会有很多人说：“我会买贵的那双，因为贵的质量可能会好一些，一分价钱一分货，贵有贵的理由。”

手表的功能都是为了看时间，几块、几十块的电子表和上万元的机械表都能看时间，而且电子表比机械表还要更准确一些，但为什么很多人愿意花上万元去买机械表呢？很多女生买包、皮鞋、化妆品，做头发、美容，总是倾向于买自己经济能力范围内价格更高的产品。为什么明明知道这些产品的利润有几倍，甚至几十倍，大家都还会去购买呢？

经济学家凡勃伦替我们解答了这个问题，他在研究了很多富裕阶层的消费习惯后，于1889 年写了一本叫作《有闲阶级论》的书。

书中提道：有钱人为了炫耀自己的财富优越感，往往会去购买价格昂贵的商品，因为人们有一种“炫耀性消费心理”。这就是经济学中的“凡勃伦效应”。近几年，随着经济的发展和人们收入水平的增长，类似的“凡勃伦”现象反复出现在大家的生活中：价格越贵人们越疯狂购买，价格便宜反倒卖不出去。

有一天，一位禅师为了启发他的门徒，给他一块石头，叫他去菜市场试着卖掉它，并对他说：“不要卖掉它，只是试着卖掉它。注意观察，多问一些人，然后只要告诉我在菜市场它能卖多少钱。”

门徒带着石头来到了菜市场，许多人看着石头想：它可作很好的小摆件，我们的孩子可以玩，或者我们可以把它当作称菜用的秤砣。于是他们出了价，但只不过几个小硬币。

于是他回来对禅师说：“它最多只能卖几个硬币。”

禅师说：“现在你去黄金市场，问问那儿的人。但是不要卖掉它，只问问价。”

从黄金市场回来后门徒非常高兴，他说：“这些人太棒了。他们乐意出到 1000 块钱。”

禅师说：“现在你去珠宝市场，低于 50 万不要卖掉。”

于是门徒来到了珠宝市场，他简直不敢相信，他们竟然乐意出 5 万块钱，但他听从禅师的指示并没有卖。一群人继续出价，他们出到 10 万，但是门徒说：“这个价我不打算卖掉它。”接着 20 万、30 万……最后，他真的以 50 万的价格把这块石头卖掉了。

门徒回来后，禅师说：“现在你明白了，这件事情是要看你是不是有试金石、理解力。如果你不要高价，你就永远不会卖出高价。”

在这个故事里，禅师告诉了门徒关于实现人生价值的道理，但是从门徒出售石头的过程中我们也可以看到一个经济规律：凡勃伦效应。

尽管这只是一个寓言故事，但其中的道理发人深省。销售员可以在营销中将产品包装，再赋予它一个符号或价值，设定一个出乎人们意料的高价，让产品具有超出使用价值之外的东西，这样也许会收到意想不到的热卖效果。

·第二章·

满足客户的心理需求

做销售的过程当中，并不是说你找到了客户的联系方式然后疲劳式轰炸客户就能开单的，销售是一个处理人际关系的过程，而这个过程的开始就是从赞美客户开始的。找准客户的心理需求再赞美事半功倍。

让懒人懒到底

随着社会的发展和进步，“懒”成为一种趋势，从网购到外卖，越来越多的基于“懒”的商业模式出现。现代人一般工作比较忙、生活节奏比较快，对生活琐事无暇顾及，职场拼搏使他们长期处于一种紧张状态，于是就能懒则懒。

随着“懒人群体”的不断扩大，“懒人经济”也在逐渐兴起，越来越多的商家也开始瞄上“懒人群体”，想从懒人们的“懒”上挖出“金子”来。那么，销售员应该如何利用“懒”来吸引客户，助力自己的销售呢?

2011年，张皓曾与一位拉美地区的客户合作过，虽然订单不是很大，但张皓后期还是通过邮件、Facebook等方式跟进客户，只不过他的邮件常常石沉大海，无人回应。

本来张皓以为这个客户就这样失去了，没想到还能“再续前缘”。有一天，他收到一条北京的手机号码发来的短信，对方说：我是来自拉美某国的××，请加我的微信。张皓加上微信后，发现原来是以前拉美的那个客户。

客户说，他是专程来北京学汉语的，可能会待一段时间。寒暄过后，客户给张皓发了一份PDF格式的文件，上面是需要采购的产品。幸运的是，客户需要的这几件产品张皓这里基本上都有，于是就给他提供了报价。价格方面双方没有异议，但仅凭图片客户十分不放心，他担心产品不是自己想要的，希望张皓能给他寄一份样品，让他确定一下。

客户的要求着实让张皓为难了，因为客户需要的产品种类很多，而且都是金属件，万一寄过去样品后再被拒绝，那损失也是挺大的。可不让客户看样品，又无法取得客户的信任。

后来，张皓想出一个办法，那就是邀请客户来企业参观，这样既能让客户当面查看产品，又能让客户了解企业的实力，加深他的印象，以此来增加自己的砝码。

张皓所在的企业在河北省，离北京非常近，坐动车大约需要一个小时。但无论张皓如何劝说，客户就是不愿意来，坚持要张皓寄样品。无奈之下，张皓只好自己开车去北京将客户接了过来。

见面以后，张皓就带客户参观仓库、办公室等地，给客户提供产品的样品、资料等。结果，双方没用多长时间就达成了交易，而这位客户也成了张皓的常客，为他带来很多订单。

试想一下，假如张皓听从客户的话寄了样品，或者因为客户太“懒”而放弃这笔订单，那之后的交易可能就无法达成。而他之所以能成功，就是满足客户的“懒”，让客户享受了周到的服务。

把客户养懒，其实就是要求销售员更好地为客户服务，尽可能为客户着想，把一切方便让给客户。只有做到“想客户之所想，急客户之所急”，销售员才能赢得客户的认可、信赖和合作。在日常工作中，无论是上门推销还是店铺销售，销售员都要增强服务的实用性能，满足“懒人们懒到底”的要求。

激发购买动机，满足客户心理

人们做某件事情或采取某种行动的最根本的动机在于，使内心获得某种满足感。如果我们正在进行的事情或正在采取的行动，无法给自身带来一定的满足、愉悦感，那就会使自己陷入厌烦、无聊的困境，甚至会觉得自己身披锁链，行动受到束缚。面对自己从内心感到讨厌的事情，我们应该如何劝服自己去积极认真地完成呢？没有内心满足的基础，仅仅依靠外力的压力或约束，采取敷衍、应付的态度去做事，这样怎么会有效果呢？

同样，要想让客户心甘情愿地购买产品或服务，那就要保证客户获得自身所需的满足感，避免让客户产生不情不愿的感觉。

郑明约了一位客户下午见面，但中午时天色突然大变，狂风大作并下起了瓢泼大雨，路上积水严重。郑明距约好的地点很远，即使驱车前往也难免会遇到什么问题，于是他就有些退缩，想给客户打个电话另外约个时间。

但没想到的是，主管竟然坚决反对郑明的提议，硬逼着他冒雨前往客户那里。结果先是郑明的车在路上因进水趴窝，然后又是等了很久才打上出租车。等他到达客户的办公室时，全身都湿透了，衣服不停地淌水，很多路过的人都忍不住发笑。

当全身湿透的郑明将保存得非常完好的资料递给客户时，客户非常震撼，感受到了郑明对他的尊重和重视，内心获得极大的满足，当场就与郑明签订了一年的合同。就这样，郑明靠着自己的一身雨水让客户获得了满足，从而赢得订单。

当销售员全心全意地为客户提供服务时，客户就会获得极大的满足。这种现象不仅在服务行业非常明显，在以产品为核心的行业里同样如此。

总之，销售工作从来不是销售员的独角戏，销售员不仅要让自己保持强烈的职业精神和进取心，还要善于引导客户，让其产生强烈的购买动机；否则不管产品有多好，客户也是不会接受的。销售员要善于运用心理上的影响力，以此调动和改变自己以及客户的行为，使他们在交往中获得满足感，促进销售工作的顺利进行。

满足客户占便宜心理

古人云，“将欲取之，必先予之”。先付出一部分投入，才能收回十倍百倍的回报。天下没有免费的午餐，任何想不劳而获或“空手套白狼的人”，都等不到天上掉馅饼的那天。试想，就算我们钓鱼都要先选择合适的鱼饵，更何况“钓”人呢？我们不是姜太公，靠一个没有鱼饵的直钩无法钓到“大鱼”。

大家都明白“占小便宜吃大亏”的道理，但是一旦发现机会，有些人还是要冲上前去，尤其是那些合理合法、合乎道德逻辑的便宜更是必须要占的。销售员可利用客户的这种心理，给予客户一定的优惠，达到交易。

虽说销售员都不喜欢客户讨价还价，但这并不会因为不喜欢就可以避免。如果销售员是性子比较直的人，不喜欢和客户说那么多，坚持“一口价”的原则，那可能会因此丢失很多客户。其实客户并不是真正想要降多少价，而是想让自己有占便宜的感觉。总之，销售员要做的就是不要让客户占便宜，而是让他感觉占了便宜。

在日本，坪内寿夫是和“松下电器”的松下幸之助、“丰田汽车”的丰田英二齐名的企业巨头，被誉为“企业之神”，他曾经被称为日本的“电影皇帝”。

二战结束后，日本经济凋敝，百废待兴，人们连温饱问题都无法解决。而此时的坪内寿夫刚刚从苏联西伯利亚地区的日军战俘营被释放出来，从一个相扑身材饿成了标准的日本人身材，很想发一笔大财。可是日本当时经济凋敝，根本没有更好的事情可干，他只得跟着父母经营一家很小的电影院。当时人们都在为吃饭穿衣担忧，哪有心思去看电影呢？所以电影院上座率很低，连他们一家人的生计都很难维持。

怎样让观众来看电影，这是坪内寿夫天天都在反复思考的问题。终于，他想出了一个好办法：一场电影放两部片子。

一般的电影院都是一场电影放一部片子，坪内寿夫的电影院却放两部影片，观众都觉得占了便宜，就连本来不想看电影的人都来看了。没过多久，坪内寿夫的电影院就赚到一笔很可观的收入。

坪内寿夫为什么能成功呢？关键就是他让人们觉得自己在坪内寿夫那里占了便宜。既然有占便宜的好事，大家怎么会不趋之若鹜呢？来电影院的观众当然会越来越多，生意自然也越来越好。

营造让客户轻松自然的销售环境

当我们在自己家里、在亲朋好友面前时，会感觉到自由随意，而身处其他场合中，则会倍感拘束，时刻保持谨慎状态。在外界环境的影响下，我们会产生不同的精神状态，进而采取不同的行动。因此，我们可以通过改变环境影响他人的心理，从而促使他们产生某种倾向，采取某种对己有利的行为。

销售员需要为客户创造一种能让他感到温馨、舒适、宾至如归的环境。客户对服务满意，感到轻松自在，最后卸下防备，表露出自己的真实想法和需求，销售员才可以据此选择合适的产品或服务来满足客户，最终达成交易。

对客户来说，他们花钱购买的绝不仅仅是产品本身，附带的还有更优质的服务，服务行业就更不用说了。没有人会吝啬在优质服务上的花费，只要他感觉物超所值。好的服务和好的产品能够为客户提供更多的舒适和好处，内心世界的满足会使其心甘情愿地掏腰包。

那销售员应该如何营造出宾至如归的环境呢？可以从两个方面考虑：一是双方交易的场所；二是销售员与客户交谈商讨的氛围，如销售员是否积极热情，说话是否得体，举止是否得当等。

例如，销售员要改造环境，为客户创造更加舒适的环境和氛围，这会让销售活动事半功倍。例如，餐厅、商场、咖啡馆等服务性场所可以根据客户群体的分类设置更为贴心的设施，播放受欢迎的音乐，服务人员干净、卫生、礼貌、热情，让客户有一种宾至如归的感觉。而当销售员拜访客户或邀请客户面谈时，可以根据客户的喜好提前选择合适的会谈场所，自身要礼貌、和善，避免紧张、生硬的氛围破坏双方的沟通。

当简·卡尔森受聘担任领导人的时候，北欧航空公司的市场正节节下滑，每年亏损2000万美元，员工因收入减少而士气低落，服务质量每况愈下。为了扭转公司颓势，卡尔森提出一条服务理念："做世界上为商务常旅客服务得最好的航空公司。"

卡尔森调整航空公司的层次结构：让直接为旅客服务的人员位于公司的最高层，其他人员负责为他们提供服务和支持。卡尔森这种出格、大胆的措施和风格，以及具有戏剧性的顾客导向的变革思想引起了广泛的注意。卡尔森还推出新样式的航班，邀请商务常旅客乘坐，并组织主题为"爱在空中"的迪斯科音乐演出。

另外，卡尔森始终关心旅客和员工。他首先提出了服务的"真实瞬间"的概念，航空公司需要通过每天与旅客之间50000次"真实瞬间"的接触才会成功。随着改革的推进，卡尔森善于听取意见的作风受到员工的普遍赞扬，高层管理人员也被他的领导才能所吸引。

北欧航空某高管说："他有非凡的领导才能，他是一位'传教士'式的人物。他非常热衷于传播他的思想，他不厌其烦地与人交谈。我想没有他的这种努力，我们公司很难从技术—生产导向转变到营销服务导向。"

卡尔森曾说："按我的经验，人生有两大激励：一是担忧，一是热爱。你可以用'让人担忧'的办法激励人，但这样做不利于发挥人的潜能。忧心忡忡的人很难突破他们的能力限制，因为他们不敢再经受风险。"因此，卡尔森赞成用"让人热爱"的办法激励人。

这种大胆、出格的全新理念实施一年后，北欧航空公司不仅开始扭亏为盈，还获得多项服务大奖，并至今保持着国际航空业强者的地位。

服务与环境对销售起着非常重要的作用，仅仅为客户提供质量优秀、价格合适的产品是远远不够的，如果没有提供相对应价值的环境与服务，那么销售也是很难开展的。

因此，在销售过程中，销售员不能仅仅注重产品本身的销售，忽略服务和环境的改善。优秀的质量与合适的价格等是产品的硬性指标，而销售活动的成败还取决于服务、环境、感受等软性指标，如公司前台的创意布置、人员的合理安排、会客厅或会议室的装修与布置、服务人员的衣着与言谈举止、现场环境与氛围的布置、店铺环境与氛围设计、产品的陈列布置及广告宣传等。

总之，环境和氛围的营造是销售过程中的一个十分重要的环节，销售员不能将自己的目光局限于产品本身，一个好的环境和氛围可以引导整个销售向着有利的方向发展，为销售的成功提供帮助。

建立客户与产品的情感连接

随着小米的成功,《参与感》一度被奉为互联网思维的代表。书中提出的“三三法则”也让无数人倍加推崇，对其加以模仿。于是，很多人在进行销售活动时总会想着“应该开放参与节点”“要少投广告，做口碑营销”……但是，这样盲目模仿的参与感真的有效果吗?恐怕很难说效果到底如何。

那么参与感到底是什么意思呢？参与感指的是：在产品或服务的生产及传递过程中，需要客户提供心理、时间、情感、行为等方面的活动或资源，才能顺利获得产品或享受服务的感受。

因此，参与感的关键在于它可以将客户从单纯的消费者变成协同生产者。通过参与感的获得，客户可以提升自己的感知控制，比如我们在购买水果或蔬菜时总是喜欢自己挑选，这样可以给予客户相应的控制感，在一定程度上增加他们的满意度。其实，为客户打造参与感就是给客户提供选择的机会，以此提升他们的控制感。

另外，随着市场竞争的加剧，各个品牌产品之间的差异逐渐缩小，此时，如何提升产品在客户心中的心理价值就显得尤为重要。当我们通过打造参与感建立客户与产品之间的情感连接时，就会达到提升心理价值的目的。

那我们在打造参与感时应该注意哪些方面呢?

1. 尊重客户的意愿

客户参与的是他本身就想做的事情，这是打造参与感最重要的一点。参与感之所以能提升客户的满意度，是因为客户在参与创造某件产品、获得某项服务的过程中，提升了自身的感知控制。例如，旅游过程的强制购物，这虽然也是提升客户的参与感，却是强迫客户参与自己不想参与的事情，自然会遭到抵制。但是游客在自由活动时间的购物则会加强参与感。

2. 制定有效的规则

很多人在设计参与感时总是犯一个错误，那就是崇信绝对自由的理念，将一切都交由客户做主。例如，某男生请心仪的女生吃饭，自己却连个提议都没有，一切都让女生自己决定，这样的选择权会有人喜欢吗？会显得有诚意吗？其实设计参与感的运行规则不仅不会约束客户，反而会给他们带来更方便的选择权。

3. 提供独特性体验

每个人都希望自己是独一无二的，也希望自己的购买行为能获得独特的体验。例如，越来越多的蛋糕店、陶瓷店等采用“自己动手制作”的经营模式，这就迎合了客户追求独一无二的体验。自己动手做的东西会更好吗？当然不会，但就是那个奇丑无比的陶瓷成了你的最爱，因为这是你亲手做的。但如果销售员让客户做出的参与行为非常大众化，无法为他带来独特的体验，那他肯定没有尝试的想法和冲动。

挪威卑尔根市的宜家要搬迁至距原址 300 米外的新址，如果只是正常的搬迁，那不仅会花费很多资金和精力，还会影响市场销售，那怎样才能改变这种情况呢？经过多方调查和考虑后的宜家决定，邀请卑尔根市的市民们帮忙搬家！

宜家在报纸、广告牌、网站、社交媒体等上面发布了一则召集令，邀请网友们认领他们感兴趣的搬家角色。例如，你想主持开业演讲吗？你想在开业典礼上协助市长吗？谁愿意在宜家入口处种下第一棵树？谁负责宜家的顾客广播站？在宜家搬家时，谁想帮忙看管旧游戏室里的那几千个塑料海洋球？

不久，人们开始志愿认领任务，甚至还有人主动提出完成那些没有被列出的任务，可以说“有任务要上，没有任务，创造任务也要上”。例如，小朋友们想跳支舞蹈，老人们想拉手风琴，跳伞运动员想表演跳伞……，卑尔根市市民纷纷在宜家网页留言，表示想为宜家搬家出份力，甚至挪威最火爆的 Hip Hop（嘻哈音乐）艺术家 LarsVaular 志愿来到现场表演。

这份志愿搬家的名单越来越长，最后竟成了卑尔根市的一个大狂欢。这场完全由志愿者们张罗的开业典礼在宜家搬家的大日子里大放异彩。每一个被完成的任务都得到了媒体的报道；20% 的卑尔根市市民参与了开业典礼；宜家当天打破了以往所有的销售记录！

正是因为宜家和当地市民的精诚合作，才造就了这场宜家史上最成功的开业典礼！

将一个搬家活动变成一个全民狂欢的庆典，宜家究竟是如何做到的呢？其实它就是满足了人们渴望参与的愿望。当大家都为这个“节日”贡献了一分力量时，就会在感情上将自己与宜家连在了一起，这样一来，销售业绩又怎么会上不去呢？

激发客户的好奇心是吸引客户的关键

很多人都有过各种收礼物的经历，当别人送给我们礼物时，我们最兴奋的不是礼物本身，而是打开包装盒的那个过程，这是因为我们好奇包装盒里到底是什么。销售活动也是如此，谁能引起客户的好奇心，谁的销售就已经成功了一半。

好奇心是人类的天性，谁也无法抑制自己的好奇心。如果产品或服务能让客户感到好奇，那么销售员就有了一个良好的开始；反之，如果客户一点好奇心都没有，那销售员将寸步难行。只有激起客户的好奇心，销售员才有机会建立客户关系，发现客户需求，提供解决方案，进而获得客户的青睐。

销售员完全没有必要在一开始就迫不及待地将一切都公之于众，让客户毫无期待和想象，这样的销售怎么能吸引人呢？与其这样，销售员不如一开场就给客户创造一个悬念，激起他的好奇心，让他情不自禁地跟随销售员的脚步和思路，最后顺理成章地达成交易。

那么，销售员应该如何激起客户的好奇心呢？

1. 提出刺激性问题

人们总是对未知的事物比较感兴趣，而刺激性问题则会使客户自然而然地想知道答案。销售员可以在拜访客户时设法激起客户的好奇心，还可以在销售的过程中利用刺激性问题引导客户，使其做出有利于销售的决定。

2. 利用群体趋同效应

人类是群居动物，群体趋同效应在人类社会十分明显，如果其他人都有着某种共同的趋势，很少有人会拒绝接受。例如，销售员可以对客户说："王总，最近很多像贵公司一样的设计公司都面临着一个问题。"这个"问题"就可以引起王总的好奇心，促使其产生参与进来的愿望。

3．留一半信息给客户

很多销售员总是将时间花费在如何满足客户的好奇心上，却忽略了为客户创造好奇心。当他们忙于为客户提供各种信息，不厌其烦地向其陈述产品或服务的信息时，客户只能感到无穷的厌烦。客户得到的信息越多，对销售员或产品的兴趣就会越低。试想一下，如果客户已经掌握了想要了解的所有信息，那他们还有什么兴趣与销售员沟通呢？因此，销售员要学会说话只说一半，留一半培养客户的好奇心。

4．满足猎奇心理

新奇的产品总能引起人们的兴趣，希望自己能尝试一番，哪怕明知道结果，也控制不住自己的冲动，所以才有那么多舔栏杆、含灯泡的"勇士"。因此，人们总是对新产品和新消息"贪得无厌"，哪怕别人告诉他结果，他也要去自己尝试一下。

2017 年底，一款面包横空出世，刷爆各大网络平台，还登上微博热搜，这就是"脏脏包"。很多人可能发现，微信朋友圈中出现了不少朋友发自己和孩子吃"脏脏包"的小视频和照片，个个吃得嘴上脏、手上脏。面对这种大家都在吃的"脏脏包"，你好奇吗？

"脏脏包"其实就是一种巧克力味的面包，最初是北京三里屯一家网红餐厅推出的产品。名如其包，"脏脏包"在牛角包顶部的层层酥皮上浇上厚厚的巧克力层，再涂满巧克力粉，看上去脏兮兮的，吃完后手上、脸上都沾满可可粉，也脏兮兮的。它因为“脏”而火起来，很快风靡各地，不仅追赶潮流的年轻人喜爱，还受到不少明星的追捧。

为了能吃到“脏脏包”，很多人转遍大街小巷的蛋糕店，即使找到了它，还要面临排起来的长队，甚至有人干起了倒卖“脏脏包”的生意。令很多吃过“脏脏包”的人不解的是，这种虽然味道还可以，但也没有特别好吃的“脏脏包”为什么会这么火爆？

虽然很多人表示，吃“脏脏包”有了回到童年的感觉，但这并不足以使其风靡全国。更大的原因是，这种追求吃“脏”的与众不同能引起人们的好奇心，满足人们（尤其是年轻人或儿童）对有趣、另类的追求。而越多人好奇、越多人尝试，又会引发人们的群体趋同效应，进一步加强人们的好奇心。所以，“脏脏包”成为网红面包，也是十分正常的。

从上述案例中我们可以看到，成功吸引客户的关键就在于激发他们的好奇心，怀有好奇心的客户会十分积极地参与到产品的销售活动中，反之则不然。

因此，根据具体销售产品和方式的不同，销售员可以采用不同的激发客户好奇心的策略。只要能让客户感到好奇，销售员就可以发展更多的新客户，发现更多的需求，传递更多的价值，大大提高自己的销售业绩。

提高客户的获得感

追求便宜是客户的一个正常的消费心理，销售员应该学会理解并帮客户达成这种心理。在接待客户时销售员经常会发现，很多客户的“能不能便宜点儿”只是一个习惯用语，他并不一定需要追求真正的便宜，更多的时候只是随口一说，并且想借用砍价来满足自己购物的成就感。

一个优秀的销售员除了需要满足客户的产品需求外，还要满足客户内在的心理需求。虽说物美价廉的产品是每个客户的最爱，但是客户除了有花最少钱买最好东西的需求外，还有渴望被尊重、被赞美的需求，这却不是每个销售员都能领悟的。

大卫和妻子在一家钟表店内看见了一个他们十分喜欢的小钟，但高达10000美元的标价让他们踌躇不前。于是，妻子说：“我们可以试一试，看店主能不能卖便宜点儿，毕竟我们挺喜欢这个小钟的。”

妻子对店员说：“我看到你们这里有只小钟要卖，但是标价让我难以接受。”她停下来看了一下售货员的反应，又接着说：“我只能给你7000美元。”

店员听了这个价后，连眼睛也没眨就爽快地说：“好！卖给你啦！”

得到钟表的夫妻俩会欣喜若狂吗？不，事实正好相反。

“我真是太傻了，恐怕这钟本来就值不了几个钱……或者里面肯定缺少了零件，要不为什么那么轻呢？再要么就是质量低劣……不会它根本就是个假货吧?”妻子越想越懊恼。

尽管夫妻俩把钟摆在了家中的客厅，而且看上去效果很好，很多客人都夸赞，但是大卫和妻子总觉得他们上当受骗了。

为什么会出现这种结果呢?原因很简单，大卫夫妻的不安源于店员的爽快，这让他们认为那钟表根本不值7000美元。也就是说，他们在购买那只钟的同时，没有从购买行为获得一种占便宜的感觉，相反，感觉买贵了。

打消客户的消费疑虑

购买风险是消费心理学的一个名词，指消费需求的实现并不等于需求的完全满足而存在的风险。例如，消费者买了一台电视机，但他使用后发现这台电视机在质量和功能上不尽如人意，因此造成一定程度的不满足。为了规避这类风险，消费者在购买其他商品时，就会表现得小心翼翼，尽量拖延成交，以便“货比三家”，这对销售员来说，不仅加大了时间和精力成本，还容易造成客户流失。

对销售员来说，风险就是成交路上的拦路虎。如何打败这只拦路虎，进而满足客户的安全感，这是销售员需要多加思考的问题。

大多数客户与销售员交流时，总是抱着怀疑的态度，无论是产品促销，还是介绍宣传，销售员有时难以取信于客户。甚至很多时候，销售员越想向客户证明自己，越事与愿违，最后直接将客户“赶走”。

那客户为什么不相信销售员呢？恐怕与以下几点密切相关。

1．隐瞒产品缺陷

部分销售员为了获得更高的利益，往往以次充好、以劣为优，利用买卖双方的信息落差来欺骗客户。以家具行业为例，很多销售员在向客户介绍材质时使用的是俗称，而没有标准规范的俗称往往成为商家欺骗客户的手段，如“大红酸枝”一般指交趾黄檀，一些销售员却将其他树种的黄檀也称为“大红酸枝”。由于是俗称，即使客户购买之后对材质提出异议，也很难以此作为解决纠纷的依据，最后只能自认倒霉。

2. 夸大产品性能

有些行业存在着夸大产品的行为。例如，我们在电视广告或街头推广中经常看到的各种保健品，大到癌症、小到感冒，各种“神药”似乎无所不能，可事实上保健食品是不以治疗疾病为目的的食品。如此宣传，客户如何相信销售员呢？

3. 拒绝售后服务

很多销售员只注重短期利益，总是抱着做一锤子买卖的想法去做生意，交易达成前百般保证，资金到手后则撒手不管。不管是产品的售后服务还是客户跟踪都做得不到位，这大大影响了客户的购买体验，让他对销售员和产品都失去了信心。

那么，销售员应该如何打消客户的疑虑，建立相互之间的信任呢？最重要的一点是向客户做出零风险承诺，给他吃一颗定心丸，满足其安全感。

零风险承诺是销售活动中非常重要的一项技术，它可以在大部分情况下提高销售员的成交率，加速成交过程。零风险承诺既是一项技术也是一种策略，如果销售员学会变通并把零风险承诺运用得游刃有余，就可以使自己成为值得客户信赖的人。

当然，要想做到有效承诺，首先要学会转换角度，站在客户的立场上思考问题，找出他真正关心的利益点，并将其作为自己的承诺点，从而吸引客户。从竞争上来看，承诺要高于同业水平，提出同业不愿做、没想到、做不到的承诺，这样才可能吸引客户。

零风险承诺不仅是一种吸引客户的手段，更是一个塑造自身和企业良好形象的过程。如果只是为了达到短期销售目的，随意向客户做出一些无法兑现的承诺，就会让自己进退维谷、声誉受损。

某杂志社推出一套创业培训书籍和视频资料，主要是教大家如何创业、开公司、做营销计划、如何管理等。这套书籍和视频资料售价400美元一套，并且承诺，“如果你三个月不成功，我们全额退款，你100%没有任何风险”。结果是虽然销量很高，但退货率也高达46%。于是杂志负责人便去请教一位营销大师。

大师说：“这个很简单，你应该提供双倍的零风险承诺，如果三个月不成功，我退你800美元”。

听到还要加钱，报社负责人急忙喊道：“你疯了，怎么可能?”

大师不慌不忙地解释：“虽然我会多退一倍钱给你，但我有一个小小的要求，当你退款时，请附上你的名片和公司营业执照复印件。”

杂志社承诺的是保证客户创业成功，但是如果客户没有成功，那至少公司应该开起来了，所以退款时要求附一张名片和公司的营业执照，这个要求不过分吧？

经过这样一个小小的改动，退款率竟然下降到4%，为什么呢？因为很多人只是想创业，但是什么都没有做，没有行动怎么会成功呢？所以大部分没有行动的人就无法退款了。

零风险承诺从来不必是100%退货，否则很可能被客户或竞争对手利用，给自己造成严重损失。其实，零风险承诺是需要设计的，一般来讲，只要我们比竞争对手的承诺好就足够了。我们要保证，自己的零风险承诺既可以满足客户的要求，又不会给自身带来过高的风险，这样才能实现销售业绩的提升。

·第三章·

分析客户性格，针对性销售

不同的客户，其性格、心理、气质、想法也会相异，如果只会“三板斧”就想拿下所有客户，那无异于痴人说梦。因此，销售员要善于从客户的言行举止中发现他的性格特征，然后针对不同的客户选择有针对性的销售方式，这样才能让自己的销售工作事半功倍，否则只会使生意泡汤。

犹豫不决型客户

情绪不稳定，忽冷忽热；做事缺乏主见，但喜欢逆反思维，总是盯着事物坏的一面而不去想好的。这种性格的人就是犹豫不决型。

销售员在和各种各样的客户打交道时，经常会发现有些客户总是犹豫不决，眼看马上就要签单，但几天后客户还是杳无音讯。尽管当时客户非常肯定所推销的产品，但客户还是没有购买产品。

于是，很多销售员抱怨：“客户认可我们的产品，也具有强烈的购买欲望，但是谈了很久他仍然是一副犹豫不决的样子。我真不知道如何劝服那些犹豫不决的客户了。”

其实，遇到犹豫不决的客户销售员应该感到欣慰，因为犹豫不决往往意味着客户基本认同产品，只是自己的完美主义倾向使其难以下定决心。既然客户已经在这件产品上犹豫了很久，也浪费了很多时间，他怎么会甘心一无所获呢？

只要销售员能抓住机会，明确客户犹豫的真正原因，就能相应地消除对方的疑虑，给对方提出合理建议，帮助他尽快拿定主意。

尽管张莹百般努力，但是客户依然举棋不定、犹豫不决。直接放弃客户未免太过可惜，可如果继续跟单又怕浪费时间，客户的犹豫让张莹也陷入了进退维谷的境地。

于是张莹对客户说：“其实您完全可以放心，这款保险产品和我去年买的一模一样，我总不能连自己都骗吧？”

客户惊讶地问：“是吗？你们自己也买保险啊？”

张莹：“当然，正是因为我是卖保险的，对保险比较了解，知道它的好处，所以才更要对自己负责，选择一款合适的保险产品。”

客户若有所思地点点头说：“其实我之前也仔细了解了这款产品，只是……”客户再次陷入了沉默。

张莹接着说：“您有什么地方不清楚的，可以提出来，我再给您解答一遍。您如果满意就买一份，不满意了回头再说，您看怎样？”

客户再次犹豫了一下说：“听说这个险种如果买五份，到期后给我五万，如果人身故了，但保险还没到期，这个钱怎么处理呢？”

客户：“如果买了一年期的险种，结果我没出意外，那岂不是白交钱了？”

张莹解释道：“您要知道，保险和买彩票可不一样，虽然出意外和中奖的概率都很低，但买彩票是为了得到那个很低的概率，买保险正好相反，就是要规避那个很低的概率。低概率并不等于不会发生，一旦发生意外，将会产生我们难以承受的后果。所以虽然我们看似白花钱了，但健康、安全有了，这不正是我们想要的吗？”

客户：“你说的也对，不过我现在感觉身体还行，买保险会不会有点儿杞人忧天？”

张莹：“俗话说得好：‘天有不测风云，人有旦夕祸福。’去年我的一个客户，本来打算给自己孩子上保险的，后来也是出于和您相似的想法放弃了，最后孩子在家玩耍时出了意外，在医院里住了两个月，花了将近十万。您想一下，如果他们当时及时给孩子买保险了，那就可以报销一大半了啊！”

等客户消化了一下后，张莹继续说：“这样，姐，您看我们已经沟通多次了，咱们也算是有感情了。您不妨先买一份看看，感觉不错就帮我们做个义务宣传。另外，您以后也不用天天为这个事情操心了，可以安心做您的工作了。您看怎么样？”

客户："那好吧，就按你说的办。"

虽然犹豫不决型客户常常有很多疑虑、担忧，难以下定决心，但销售员不能轻易放弃，而要抓住任何一个机会，向客户提供自己的建议，建立双方的信任关系，必要的时候可以强势一点儿。当然，给建议并不是要销售员无中生有、信口开河，而是根据具体情况帮助客户做出最有益的决定。

分析型客户

分析型客户比较注重细节，他们极为理智，相信自己的判断。对他们来说，选购一件商品需要经过深思熟虑后再做决定，一般不会因为自己的好恶就决定买或不买。他们的决定是建立在对翔实资料的分析和论证的基础上的，因此，他们在选购商品时总会慢条斯理，表现得十分谨慎和理智。

这种类型的客户往往比较朴实，着装也很简单，有时会显得有些书生气。虽然他们话语不多，但总能击中要害。他们就像专家一样，在购买产品时精心策划。同时，他们的观察力也十分敏锐，善于捕捉产品或者服务中的任何细节，同时会把产品的所有信息收集起来进行分析。

对他们来说，选择某种产品一定要多联系几家供应商，货比三家，选择其中性价比最高的一家。他们常常会提出一些十分重要、尖锐的问题，如果销售员能给出合理答复那就还好，如果销售员试图逃避一些问题，就会大大增强他们的疑虑。因此，对他们提出的问题，销售员最好给予明确的答复，不逃避、不回避。

分析型客户比较理智，有原则，有规律，他们从不会因关系的好坏和个人的喜恶来选择供应商，而是经过分析对比后，做出最理智的选择。

如果销售员使用强行公关、送礼、拍马屁等方式来试图拿下订单，最后只能适得其反，影响自身的形象。与其如此，还不如坦诚沟通、直率交流，既不夸大其词，也不溜须拍马，直接将产品的优势劣势直观地展现在他们的面前，让他们明白自己能从产品中得到什么，付出多大的成本，这样一来，只要产品有足够的竞争力，那交易成功的概率就会大。

薛珊是某化工原料公司的销售员，公司的主营产品是化工原料，质量很好，价格便宜，在市场上很有影响力。有一次，某农药厂需要一批化工原料，薛珊就去拜访了这家公司的负责人。

一见面，薛珊就展开了自己的“游说”，充分展现自己的话术，但是她根本没有考虑该客户的特点，结果沟通多次单子也没有签下来，尤其是当薛珊提到很多同类企业都在自己公司采购后，客户竟然有些疏远薛珊了。

由于久久没有进展，薛珊的同事刘斌接手了这笔业务。他先是分析客户的心理类型，然后在拜访前准备好产品的各项资料，在与该客户沟通时，他并没有过多地客套或寒暄，而是将谈话重点放在了技术方面的讨论上，向客户解释产品的各项技术特点。没过多久，客户就跟刘斌签了这笔订单。

为什么推销同一厂家的产品，薛珊与刘斌却得到不一样的结果呢？因为案例中的客户属于分析型，这种人格外讲求事情的准确性，分析能力和观察能力都很强。对他们来说资料与数据才是最重要的，话术或寒暄只会让他们厌烦。销售员在向他们推销时，应该尽可能多地提供一些资料和数据，满足他们的分析愿望。

从众心理在这类客户这里没有用武之地，因为他们不喜欢攀比，也不会简单地因为别人购买而产生购买冲动，即使他们身边的人已经买了同样的产品，他们也会深思熟虑，基于自己的分析才能决定是否购买。

标新立异型客户

每个客户都是单独的个体，他们都有自己独特的性格、心理和爱好。因此，销售员应该针对不同客户的特点使用不一样的技巧，做到随机应变，对症下药，为每位客户提供最合适的服务方式。

如果客户衣着时尚，言谈活跃，思想新颖，不拘一格，并且喜欢抒发个人感想，对奇闻逸事及新鲜话题十分感兴趣，那么他们可能是标新立异型客户。这种类型的客户一般个性比较自由，想法较多，但他们常常不拘小节，没有极好的时间观念，而且还有可能向销售员提出一些奇怪的要求。

对他们来说，购买一件商品最重要的既不是价格也不是品质，而是其新颖、独特的程度，换句话说，只有那些能满足其猎奇心理并使其显得与众不同的商品才能征服他们。与标新立异型客户会谈时，销售员可以摆脱商业化的形式，选择一个非正式的场合会面，比如咖啡厅、茶吧等。沟通时，销售员不能像平时一样仅仅强调产品本身，更应该充分发挥自己的口才，甚至表现得口若悬河，天文地理、琴棋书画、诗词歌赋、医卜星象样样都是谈资。

如果销售员的讲述能触及对方的“新鲜点”，让其觉得销售员知识渊博，那就可以引起他们对销售员潜在的崇拜，此时只要适时地加入产品的介绍，就有很大的机会获得成功。

这天，程蕊的店里来了一位打扮时尚、个性的年轻女士。她边走边看，终于在一件设计前卫、造型夸张的衣服面前停下脚步。程蕊见状马上走过来问：“您好，喜欢您可以试穿一下，我看您的身材比较苗条，这件衣服更能展现您的美丽。”

于是这位女士便去试了一下，衣服的颜色、样式与她的相貌、打扮都很搭配，她对这款衣服非常满意，微笑着向程蕊询问价格。

程蕊说：“这件衣服原价 1119 元，现在正值商场庆典期间，全场所有产品九折优惠。我看这件衣服特别适合您，您穿上去简直太漂亮了。”

顾客：“好吧，这件衣服我要了，给我包起来吧。”

又完成一笔销售，程蕊十分高兴，她一边开票一边对这位女士说：“您真是太有眼光了，这件衣服现在是我们店里的爆款，好多人都喜欢这个款式的衣服，我们已经卖出好多件了。”

话音刚落，这位女士立刻沉下了脸，生气地说：“算了，这件衣服我不要了，不好意思。”然后在程蕊一脸吃惊的表情中离开了。

为什么这位女士在开票时突然反悔了呢？难道是发现产品有质量问题？还是身上的钱没带够？其实，让她改变主意的原因只是程蕊最后的那句话“我们已经卖出好多件了”。作为一位标新立异型客户，“撞衫”是一件令人难受的遭遇，她怎么会接受一件很多人买了的衣服呢？

炫耀型客户

炫耀型客户虚荣心强，喜欢自我吹嘘。他们自命清高，对周围的人和事总是抱着一种居高临下的态度，用对他人的轻视来显示自己的见识、品位。在销售中，当销售员向这类客户介绍产品时，经常会出现的一种情况是，客户不以为然地说：“这算什么啊，我见过的××比这个好多了……”

其实，他们的炫耀是在追求一种自我心理的满足。在消费方面的表现就是，不管买什么东西都要讲究最好、最贵、最能体现身份。哪怕这件产品对他们没有任何实际用处，只要能满足自己炫耀的心理，他们也会毫不犹豫地购买。

既然这类客户这么喜欢吹嘘，销售员不妨设法满足他们的需求。在销售过程时，销售员可以先不提产品，而是夸耀他们，让他们有一种飘飘然的感觉。当他们自我吹嘘时，销售员要充当一名“忠实的听众”，少说多听，及时称赞，还要表现出一副崇拜羡慕的神情。销售员要给他们创造充分表现的机会，使他们的虚荣心得到满足。这样一来，客户会变得非常自信，并对销售员产生极大的好感，愿意同其接触，这时销售员再切入主题推销产品，那将无往不胜。

苏玲是某品牌服装店的经验丰富的销售人员。这一天，店里来了一位与苏玲年纪相仿的女士。

从对方的衣着打扮上可以看出这位女士是一位高档消费者，于是苏玲直接将她引到高档服饰区，并给她介绍了几件新款衣服。两人一边挑选衣服一边聊天，从谈话中，苏玲得知这位女士是某大型公司的财会人员，丈夫更是公司的高管，两人每月的收入都很高，购买时尚服装对她而言可以说毫无经济压力。

从客户的言谈举止中苏玲还看出，这是一位喜欢炫耀的顾客，因为她总是时不时地提到自己的各种奢侈品，并让苏玲对她新买的包进行评价，苏玲自然是一番称赞，夸得顾客眼睛都快飞了。在挑选衣服时，苏玲还很真诚地夸赞她有眼光、有品位。

被苏玲多次夸赞的顾客非常开心，一连试了好几件衣服。这时苏玲又向她介绍了一件连衣裙，顾客试过以后感觉很好，苏玲也适时地向她投去羡慕的眼光，并说："您穿上这件衣服真是漂亮极了，既高贵又时尚，更显得身材苗条。"

苏玲的夸赞让这位顾客的虚荣心得到了极大的满足，虽然这件连衣裙的价格高达5000多元，但她还是很爽快地掏钱购买了。

接待炫耀型客户时，销售员要暂时忘记自己，将客户摆上"神坛"。切忌不能和客户在沟通中发生冲突，销售员赢了嘴上功夫，却可能输了订单；故意示弱，反而会收到"惊喜"。所以销售员一定要让客户觉得我们是在真心夸赞他，这样一来他的自尊心才能得到最大程度的满足，销售业绩也才能得到最大程度的提升。

销售员要尽快让他们的虚荣心得到满足，使他们变得冲动，购买欲高涨，等他们夸下海口、骑虎难下的时候，销售员一定要把握机会，快速逼定、签约、交易，保证一击必中。当然，销售员也要婉转清晰地告知客户一些必需的法律责任和义务，免得成为他们日后反悔的借口。毕竟他们的虚荣心总有消退的时候，而理智下的他们常常会为自己的冲动购物感到后悔。

专断型客户

在销售过程中，销售员经常会碰到专断型客户。他们有着自己的想法和主意，销售员的各种话术和技巧很难影响他们，而且销售过程中他们往往很少说话，销售员根本无法获知他们的内心想法。有时销售员还要面对这种客户的许多不合理的要求，而一旦销售员不能使其满意，他们就会果断地选择离开。

专断型客户习惯于以自我为中心，希望周围的人都受命于他的意志。正因如此，销售员在销售工作中要把这种客户放在主导者的位置上，给他创造充分的选择机会和空间。如果销售员不知进退，采用热情的介绍和积极的推销来应对他们，就会引起他们的不满和排斥。

需要注意的是，专断型客户最厌烦的推销方式就是强制性推销，销售员越热情，他们就越抗拒；销售员越积极，交易就越难达成。因此，在遇到专断型客户时，销售员最好的选择是服从。

得知领导将自己分到蒋成那里做产品的分销，郭微就在心里暗暗叫苦。在平时的合作中，提要求最多、问问题最多、惹事情最多的就是蒋成，公司里的销售员都不敢“碰”他，也不知道领导为什么派了自己去。无奈的郭微只好听天由命，她抱定“打不还手，骂不还口”的想法，只盼着自己的运气能好些。

第二天，郭微早早地来到蒋成的公司拜访他，不过他正好临时有事，于是约定转天再去。这天早上 9 点，郭微一迈进办公室就遭到了蒋成的指责：“不是跟你说早点儿过来吗？你看看现在都几点

了?”（客户公司8：30上班）

尴尬的郭微低着头没敢说话，心想：“这个客户真难缠啊。”

接着蒋成向郭微讲了他们公司的一些规章制度，并让她先熟悉一下公司的环境，俨然把她当成了自己的下属。郭微只能忍气吞声。

几天后，蒋成安排郭微与公司的业务人员一起去二级市场跑业务，郭微发现这里存在很多问题，她迅速给蒋成提出了解决方案，蒋成听了她的建议后却说：“你应该把这些问题和建议写成书面报告，还要详细说明具体的解决方案，这样流于形式怎么能解决问题呢?”

听到这话，郭微愣住了，心想：“这个人态度怎么这么差？我又不是你们公司的员工，好心主动帮你提问题，你还挑三拣四，真让人气愤!”不过这些话只能在心里想想，她还不敢说出来。

抱怨完之后，郭微开始寻求解决方法。在收集了大量资料，拜访了许多下级经销商后，她根据产品和公司的特点，为蒋成拟定了一整套方案。最后，这套方案得到客户的肯定和执行，产品的销量得到了很大的提升，而郭微所在的公司自然也就成了这家公司的独家供应商。

面对态度强势的客户，郭微的忍让和服从满足了客户的支配习惯，这使她得到了客户的接受和肯定。从这个案例中我们可以总结出，首先，一定要有时间观念，约好什么时间谈就一定要准时赴约，一秒钟也不能迟到；其次，保证思路清晰明了，切忌拖泥带水、闪烁其词或词不达意。

随和型客户

随和型客户大概是最受销售员欢迎的性格类型了，他们性格温和，比较友善，愿意听销售员“唠叨”。当销售员与他们谈话时，他们既不会轻易反对销售员的说法，也不会冷漠以对，而且交流顺畅，交易爽快。既然随和型客户这么好，那为什么还是存在很多的失败案例呢？

其实，随和型客户虽然好相处，但也缺乏主见，自由主义心态还很严重，容易随波逐流。如果销售员轻松应对就会使他们迟迟无法下定决心，变得跟犹豫不决型客户似的；如果销售员企图施压迫使客户尽快决定的话，一不小心就会激起他们的逆反心理。

那么，销售员应该如何应对随和型客户呢？

郑谦是某进口设备在中国的代理商的一名销售人员，在某次行业聚会上，他无意间听说一家公司需要几套设备，他当即给这家公司的负责人打了电话。

郑谦：“喂，您好，是李总吗？我是××公司的郑谦，是某进口设备在国内的代理商。听说贵公司正在寻求几套××设备，我们公司正好有您需要的这种产品。如果您时间方便的话，我想拜访一下您，您看可以吗？”

李总：“哦，行，我们公司确实需要采购几套设备。这样吧，明天上午10点你到我办公室详谈。”

第二天见面后，郑谦和李总进行了一番详谈，李总对设备非常满意，表达出强烈的购买意向。后来郑谦和李总经常联系，双方还就设备安装的问题交谈了数次，公司内部的技术人员也登门拜访了几次，可以说是万事俱备，只欠交货了。

一共有三家比较有实力的公司进入了最后的环节，于是李总决定开一个碰头会来决定最终的结果。在这次会议中，经过几轮的会谈和比较，郑谦明显占据优势。但是会谈的最后，李总在谈到质量问题时向三家公司提出“你们以什么来保证自己的产品是最好的呢?”

正当郑谦在犹豫着提出什么保证时，第一家公司的谈判代表迅速回答：“我们的产品可以先免费试用三个月。试用满意再付款，如果不满意可以直接将设备退还给我们，全部费用将由我们公司自己承担。”

话音刚落，第二家公司的谈判代表与郑谦当即哑口无言，心想：“冒着这么大的风险免费使用，这怎么可能行呢？万一产品不合适，那将造成多大的损失啊！”就这样，不敢做出承诺的郑谦只能眼睁睁地看着煮熟的鸭子飞了。

对随和型客户来说，事到临头再反悔是一件常事。郑谦之所以没能拿下这份订单，就是因为他无力做出应有的保证，哪怕产品再好，价格再优惠，如果不能让客户放心，他们依然会选择拒绝。没有保证的交易对随和型客户来说，意味任何意外都有可能发生，因此郑谦的推销以失败告终。

因此，面对随和型客户，销售员要用丰富的专业知识和诚恳的意见、建议来为其服务，在销售过程中多加鼓励，以期消除他们的顾虑，最后顺利达成交易。

挑剔型客户：满足其欲望，他会是最忠诚的

挑剔型客户思维严密，观察力强，能够在产品或服务的细节方面发现问题，常常对销售人员采取苛刻、强硬的态度，让人避之不及。面对挑剔型客户，销售员常常陷入与其争辩中，最后落了个鸡飞蛋打的局面，客户没有得到他们想要的产品，销售员也失去了订单。其实，销售员不必对挑剔型客户抱有太大的不满和敌意，“嫌货才是买货人”，客户的挑剔和不满其实是一种变相的肯定。

当客户正在发表长篇大论的批评时，销售员不妨认真倾听，给客户一种尊敬他们的感觉。相反，如果销售员置之不理或强硬反驳，客户的情绪可能会更加激动，本来很有希望的订单可能会白白丢失。同时，倾听客户的抱怨和讲述，能让销售员了解他们内心的想法和观点，为销售员发现并解决问题提供基础。

具体来说，销售员首先应该接受客户的情绪，让客户的不满有发泄的渠道和空间。其次，认真对待客户所提出来的问题，总结其中的要点，反复求证不明白的内容，要让客户觉得销售员在倾听他的问题。再次，要学会换位思考，让客户觉得销售员能站在他的立场上为他的利益思考。同时，避免出现责备、批评客户的行为，以免激起其逆反心理。最后，解决问题，不管销售员前面做了多少准备，如果问题无法解决，那一切都是空的，只有最后将问题解决了，才能让挑剔型客户失去拒绝的理由。

一天下午，某星级酒店经理赵宇接到总台的电话，说有客人投诉。沟通后得知，一位女士说她昨天买了五个橙子，今天早上出门

时还在，现在回来却发现少了一个。

一个橙子事小，但酒店的声誉事大，赵宇赶紧联系客房部的王经理，让他查明事情真相。没多久，王经理打来电话说，服务员没有问题。

得到结果的赵宇来到了客人房间向她解释，不过客人的情绪非常激动，一口咬定是服务员拿走了一个橙子，根本不愿意听赵宇的解释。客人还说："我在别的酒店就遇到过寄存在前台的东西被酒店员工偷吃的现象，你们这里肯定也是。"

听到这话，赵宇有点生气，在没有任何证据的情况下，客人竟然这样指责酒店。此时，怒气冲冲的客人让赵宇出去，心情不悦的赵宇就出来了。

一个多小时后，赵宇的情绪平复下来，于是他给客人送过去一个果盘，明确告诉客人，服务员确实没有拿走橙子，他可以代表酒店送她一些。

赵宇的良好态度让客人失去了指责的借口，就这样，一场可能会给酒店造成负面影响的冲突就化解了。

面对挑剔型客户，最重要的一点便是心态。不管客户用什么样的无理挑剔和不良之词来批评，销售员都要保持一颗轻松的心，该解释的解释，该满足的满足，千万不要为了逞一时之能与客户争吵，那样就太不明智了。

沉默寡言型客户

销售员努力推销，客户却说“随便看看”；销售员滔滔不绝，客户却一直沉默。如果遇到这种情况，千万要小心，因为销售员遇上的是沉默寡言型客户。

客户不开口，销售员永远没有机会知道客户在想什么，也不知道他想要什么，更不知道自己该做什么，这样怎么能取得成功呢？

陈欣在一家服装店做导购员。一天，一位外表忠厚老实的中年男人走进店里，陈欣赶紧迎上去打招呼：“您好，欢迎光临××，请问您需要什么服装？”但是中年男人连眼皮都没抬一下，只是径自边走边看。

顾客的反应让陈欣略显尴尬，她只好跟在顾客后面，看他想选购什么。可是顾客转了几圈，还是什么都不说，这就让陈欣心急了。

于是，陈欣指着上衣专柜问：“先生，您是要买上衣吗？”

顾客依然没说话，只是轻轻地摇了摇头。

陈欣又指指裤子：“那您是要买裤子？”

顾客依然摇了摇头。

这可让陈欣犯了愁，无奈之下，陈欣只好冒险行事。陈欣指着店里的服装，向顾客讲起了服装品牌的设计理念，并且把每一款的设计构思、材质选取，甚至有哪些明星已经选购这种款式，都仔细地讲给客户听。

在陈欣的介绍过程中，顾客一直静静地听着，时而点头微笑，时而低头沉思，可依然一语未发。陈欣一边心里打鼓，一边继续介绍，如颜色的搭配、款式的选择、职业的影响等。这位顾客听完后貌似恍然大悟一般，说："原来搭配衣服还有这么多的学问呀！我要出国参加一次重要的会议，既然你懂这么多，那你帮我搭配一套合适的衣服吧！"

听到客户的要求，陈欣高兴不已。为了避免出现不必要的失误或纰漏，陈欣仔细地询问了客户几个问题，了解客户的需求和忌讳后，为客户搭配了一身十分合适的西装。

沉默寡言型客户的表现也不是完全相同的，闭口不言也有很多原因。有的人是城府较深的商场老手，还有的人是天生不爱说话。不过，不论遇到哪种类型，他们一般都会对销售员的语言攻势免疫。对他们来说，产品本身的好坏比销售话术重要多了，所以销售员要用平淡的语气把产品的优势和特点交代出来，切忌夸大其词或嬉皮笑脸，否则很容易引起客户的反感。

1. 试探客户的真实想法

如何让沉默寡言的客户开口是最困难的一点，只有客户开口销售员才能发现问题，只有发现问题才能解决问题。面对这类客户，销售员一定要学会使用提问的战术，不断用问题试探客户的反应，如果问题切中核心，客户自然会有所反应的。例如，销售员前去拜访客户，要将产品资料、合作计划等准备齐全，然后用切中要害的话题打动他，才可能知道客户的真实想法。

2. 留给客户足够的时间

在与客户的沟通中，销售员尽量将关键信息展示给客户。介绍好内容后，销售员应该暂时保持沉默，让客户有思考的时间，千万不要穷追猛打，逼着客户做出反应。

3．热情接待，真诚以对

沉默寡言不代表不好相处，很多人只是外冷内热而已。只要销售员真诚相对，热情接待，点燃他们心中的火焰，自然会让沉默的他们活跃起来。

墨守成规型客户

“我天天中午都吃同一家店的盖浇饭，保持了十年；尽管电子阅读已经十分方便，但是我天天都会在离家非常远的一个报摊买报纸杂志；我每次都去同一个理发店理同样的发型，直到十年后那家理发店关门……我喜欢一成不变的、固定的生活节奏，有些单调和枯燥，但我乐在其中。”

我们经常会在工作或生活中遇到这种性格的人，他们思维保守、性格沉稳，对新鲜事物十分抗拒。相对于追求新潮、热爱时尚的客户，墨守成规型客户总是循规蹈矩，喜欢用一些不存在的条条框框约束自己的行为。虽然他们往往表现得很细心、沉稳，善于倾听、分析，眼光也比较独到，但他们总是很难迈出改变的第一步。

对墨守成规型客户来说，在同一家商店购物，买同一个牌子的东西，过毫无改变的生活才是最好的。一旦他们受到先入为主观念的影响，销售员很难说服他们。那墨守成规型客户真得就无法改变了吗？当然不是。

墨守成规型客户最看重的是产品的性能和品质。只有满足他们对产品的使用要求，销售员才有希望获得订单。要想用产品的性能和质量打动客户，销售员必须保持耐心，不能急于求成，否则很容易刺激到客户，让他变得更加顽固。销售员可以将产品的实用效果作为突破口，通过让客户在实际的试用和对比中发现产品的优秀性能，这样自然会逐渐改变客户的想法和观念，使他接受所推销的产品。

这天上午，一位客户来到某银行网点办理定期存款业务，柜员周慧发现客户一直以来都习惯做定期，因此向客户推荐年化收益率5.1%的保险理财。

周慧说："这种保险利率比较高，而且额度非常有限，限时抢购。刚好现在还有额度，可以为您办理。"

客户想都没想就拒绝了周慧的建议，表示自己从来不理财，担心理财有风险。

客户经理吴江在后面听到了周慧和客户的谈话，因此上前服务，正好发现该客户是自己以前的老客户，便向客户解释："该款理财产品是财险，目前国内的存款利率较低，如果资金足够的话可以凑多点做大额存单，这样利率比较高。如果您存够50万……"

吴江的话还没说完，客户就表示没有那么多资金，只有10万。

听到客户的话，吴江随后建议他买三年期××财险："这种投资方式一方面能长期锁定一个较高的收益，另外一方面如果你用钱可以办理我行的消费贷业务，因为贷款利率比较低。"

客户听了吴江的建议后也动心了，终于下定决心购买了这款财险。

从这个案例中我们清楚地看到，虽然墨守成规型客户思想比较守旧，很难接受新产品，但只要销售员能够耐心、细心地为他们详细讲解产品的好处，并且让客户觉得安全放心，那么打动这类客户也并非不可能。

·第四章·

定价心理学：让利润隐藏在角落里

制定属于自己的特色定价，将实惠落到实处，让顾客看得清清楚楚，明明白白，但同时，也让我们的利润隐藏在角落里，争取更大的销售额，让利润最大化。

很多商家都希望所有的价格都是为每位顾客量身定做，以保证对能承受高价位的消费者收取最高的价格，而对只能承受低价位的消费者实行最适合的售价。

合理的定价不应该随意变动

建立在合理成本、利润基础上的价格，是不存在讨价还价的问题的。

在激烈的市场竞争中，价格往往成为焦点。因此，很多商家也便多在价格上做文章，或是降价销售，或是低价大甩卖；批发商和经销商也会经常对制造商提出降价的要求。

建立在合理成本、利润基础上的价格，是不存在讨价还价的问题的。只有在降低成本、保持合理利润的前提下，才可以答应降价的要求。

面对这些问题，人际关系大师卡耐基是如何处理的呢？他有何秘诀？对于价格，卡耐基有两条基本的信念：一是物价越低，才越能刺激消费，从而反作用于生产，进一步降低价格。这是卡耐基终身遵循的。二是价格是一个综合指数，包括成本，也包括服务、利润等等，合理的定价是不应该随意变动的。

基于上述信念，卡耐基在生产中尽可能降低成本，以低廉的价格出售；另一方面，在市场上不随意减价。这就是说，卡耐基降价功夫是在工厂里就做足了的，这是降价的秘诀。那么，卡耐基不降价的秘诀又是什么呢？

第一，纠正错误行情。卡耐基在技术力量薄弱的情况下，很快就制造出了新产品，面对这种新产品的销售，卡耐基要求其定价要比市场上销售的货品高一些。他认为，有些商人在新产品一开始时就减价的做法并不可取。他以大家都是商人的立场剖析产品的价格成分，指出其合理性，请求推销商帮助，以图共存共荣。在卡耐基的劝说下，推销商们当然是深明其理的，况且这里也有自己销售利润的问题。这样，大家就接受了卡耐基的价格。

第二，击败杀价高手。卡耐基在创业初期，推销商品时，价格问题常常成为争论的中心，卡耐基经常碰到“杀价高手”。有一位杀价高手很厉害，你越说利润薄、生意难做，他就越是拼命杀价。就在卡耐基将要认输的时候，他面前浮现出了工厂里挥汗劳作的员工的形象。于是把工厂的情形和对方说了：“大家都是这样挥汗劳作的，好不容易才生产出这样的货品，价格也合理。如果再杀价，那生意就没法做了。”就这样，对方同意了。于是，这笔交易也就做成了。

卡耐基的条件是不立刻否定大杀价。有时候，价格可能合理，但与购买能力脱节，就不应该一概而论地否定大杀价了。一次，一位经销商要求用低于现价1/3的价格进货。后来得知对方是以世界标准和购买能力来要求降价的，卡耐基没有立即否决他的要求，而是希望对方先以原价销售，给自己一定的时间改良产品，然后以对方要求的价格交易。如此，对方接受了这种暂时的价格，卡耐基命令加紧了电器改良进程。最后卡耐基说：“不要把降价要求当作荒唐的无稽之谈，不妨检讨一下看看。如果对方拿世界标准的价格来杀价，不可以认为这是无理取闹，而必须从所有的角度来研究其可行性。”

制定均衡价格

世界上没有什么东西能比水更有用了，可一吨水才几块钱，成千上万吨的水才换得来一颗钻石，而钻石除了能让人炫耀其财富外，几乎没有什么用途。但为什么水的用途大而价格低，而钻石的用途小却价值大呢？

这就是著名的价值悖论。价值悖论，指某些物品虽然实用价值大，但是廉价，而另一些物品虽然实用价值不大，但很昂贵。

著名经济学家马歇尔则用供求均衡来解释这一“谜团”。他认为，因为水的供应量极其充足，人们对水所愿意支付的价格仅能保持在一个较低的水平；可是，钻石的供应量却非常少，而需要的人又多，所以，要得到钻石的人，就必须付出超出众人的价格。

对于销售人员来讲，了解价值悖论，要让我们明白，在定价时要考虑到价格与价值必须相符，也就是制定出均衡价格。

均衡价格是指商品需求量与供给量相等时的价格。

均衡价格是在市场上供求双方竞争过程中自发形成的。需要强调的是，均衡价格的形成完全是在市场上供求双方的竞争过程中自发形成的，有外力干预的价格不是均衡价格。

在市场上，需求和供给对市场价格变化作出的反应是相反的。由于均衡是暂时的、相对的，而不均衡是经常的，所以供不应求或供过于求经常发生。

当供过于求时，市场价格下降，从而导致供给量减少而需求量增加。当供不应求时，市场价格会上升，从而导致供给量增加而需求量减少。供给与需求相互作用最终会使商品的需求量和供给量在某一价格水平上正好相等。这时既没有过剩（供过于求），也没有短缺（供过于求），市场正好均衡。这个价格就是供求双方都可以接受的均衡价格，市场也只有在这个价格水平上才能达到均衡。

当一个市场价格高于均衡价格时，物品的供给量将超过需求量，这样就会出现物品的过剩。在现行价格时卖者不能卖出他们想卖的所有物品，这种情况被称为超额供给。例如，当水果市场上存在超额供给时，市场上就会出现很多卖不出去的水果，于是水果商降低价格，而且要一直下降到市场达到均衡时为止。同样，如果水果的市场价格低于均衡价格，此时，物品需求量将超过供给量，就会存在物品短缺——需求者不能按现行价格买到他们想买的一切，这种情况被称为超额需求。例如，当水果市场出现超额需求时，买者不得不排长队等候购买水果，这时水果商提高价格，随着价格上升，市场又一次向均衡变动。

使需求量和供给量相等，从而使该商品市场达到一种均衡状态。销售时，一定要顾客明白你所销售的产品是物超所值的，才会提高你的业绩。

在美丽的德国莱茵河畔，有一家装饰得非常雅致的小酒店。这家酒店所使用的餐巾纸上印着这样一则引人注目的广告："在我们缴纳过酒类零售许可税、娱乐税、增值税、所得税、基本财产税、营业资本税、营业收益税、工资总额税、教堂税、养犬税和资本收益税后，支付过医疗储蓄金、管理费、残疾人保险金、职员保险金、失业保险金、人身保险金、火灾保险金、防盗保险金、事故保险金和赔偿保险金，并在扣除电费、煤气费、暖气费、垃圾费、打扫烟囱费、电话费、报刊费、广播费、电视费，外加音乐演出和作品复制费等等之后，本月我们仅剩下这点广告费。因此，我们愿意请您经常光顾以扶持本店。”顾客看到这则广告，大动恻隐之心，进店就餐者频频而来。

因此，许多买者与卖者的活动自发地把市场价格推向均衡价格。一旦达到其均衡价格，所有买者和卖者都得到满足，也就不存在价格上升或下降的压力。不同市场达到均衡的快慢是不同的，这取决于价格调整的快慢。实际上任何一种物品价格的调整都会使该物品的供给与需求达到平衡。

需求导向定价法

一般来说，消费者在购买商品时，对商品的质量、性能、用途及价格会有自己一定的认识和基本的价值判断，会自己估算以一定价格购买某商品是否值得。因此，我们在定价时，当商品价格与消费者对其价值的理解和认识水平相同时，就会被消费者所接受；反之，则消费者难以接受或不接受。

以价值为基础的定价方法因此应运而生。营销者以消费者对商品的理解和认识程度为依据制定商品价格，就是以价值为基础的定价，也称为需求导向定价法。这种方法的思路是：企业定价的关键不在于卖方的生产成本，而在于买方对商品价格的理解水平。

美国吉列刮胡刀片公司创立之初只是一家默默无闻的小公司。而现在，吉列公司已经发展成为一家全球闻名的大公司。吉列刮胡刀片畅销全球，只要有人的地方，几乎就有吉列刮胡刀片。1860 年以前，只有少数贵族才有时间与金钱来修整他们的脸，他们可以请一个理发师来替他们刮胡子。欧洲商业复兴之后，很多人开始注意修饰自己的仪容，但他们不愿使用剃刀，因为当时的剃刀笨重而且危险，而他们又不愿花太多的钱请一个理发师来替他们整修脸部。19 世纪后半期，许多发明家都争先恐后地推出自己发明和制造的“自己来”刮胡刀片，然而，这些新刮胡刀片价格太高，很难卖出去。一把最便宜的安全刮胡刀需要 5 块钱，相当于当时一个工人五天的工资。而到理发师那里刮一次胡子只不过用 10 分钱而已。

吉列刮胡刀片是一种舒适安全的刮胡刀片，但仅仅用“舒适安全”来形容的话，吉列刮胡刀并没有任何比其他品牌更高明的地方，何况其成本比其他品牌都要高。但吉列公司并不是“卖”它的刮胡刀，而是“送”它的刮胡刀。吉列公司把价格定在55分钱，这还不到它制造成本的1/5。但吉列公司将整个刀座设计成一种特殊的形式，只有它的刮胡刀片才能适合这种特殊的刀座。每只刀片的制造成本只需1分钱，而它却卖5分钱。不过消费者考虑的是：上一次理发店刮胡子是10分钱，而一个5分钱的刀片大概可以用6次。也就是说，用自己的刮胡刀片刮一次胡子的费用还不到1分钱，只相当于1/10的理发师费用，算起来依然是划算的。

吉列公司不以制造成本加利润来定刮胡刀座的价格，而是以顾客心理来定刮胡刀座的价格。结果，顾客付给吉列公司的钱可能要比他们买其他公司制造的刮胡刀更多。吉列通过这样“此消彼长”的方式使消费者购买到其心目中的产品，自然大获全胜。应当注意的是，这种“此消彼长”策略是根据顾客的需要和价值及实际利益来销售产品，而不是根据生产者自己的决定与利益。简而言之，吉列的“此消彼长”代表了对顾客原有价值观的改变，而非厂商成本价格的改变。

这一策略一般用于互补产品（需要配套使用的产品），企业可利用价格对互补产品消费需求的调节功能来全面扩展销量。有意地廉价出售互补产品中处于不好销售的一种，再提高与其配套的另一种互补产品的价格，以此取得各种产品销量的全面增长。

以折扣定价扩大销售

1962 年开始创建的沃尔玛连锁企业如今在世界各地拥有数量众多的分店，这家从北美的小山村里走出来的零售巨头如今仍然是每一位零售商学习的最佳模范。以“天天平价”吸引着世界顾客的沃尔玛，其定价方式是许多店主都想要探索与解密的。

沃尔玛的商品售价通常比其他连锁企业要低 20%。在沃尔玛商店里，采取的是仓储式的商品陈列方式。简易的货架，几乎没怎么装修的地板和四壁，但价廉物美的商店仍旧吸引了众多的顾客，因此，当沃尔玛以这种方式一亮相，即取得了极大的成功。

这是老板山姆“折价销售”理念的成功，这一经营理念与一般的减价让利有着本质的不同。

虽然两者看起来都是以廉价销售为特征，但折价销售作为一种特定的销售方式，更着眼于一种长期稳定的战略目标，同时更需要经营管理多个环节的协调配合；而一般的减价让利却是一种只着眼于眼前利益的短期行为。

沃尔玛却将减价作为一种营销战略来考虑。商品进到商店后，沃尔玛的工作人员将根据对同业的调查估计出该行业的市场平均价格，然后在平均价格和进货价格之间找出一个中间价，作为该商品在沃尔玛的正式售价。通常的做法是，沃尔玛按比进价高 30% 的比率来定价，以体现“薄利多销”的原则。

这是沃尔玛雷打不动的原则。即使自己的进价比对手低廉得多，沃尔玛也始终坚持“把利让给顾客”的做法。

这种立足长远的经营战略，使沃尔玛赢得了时间上的胜利。人们坚信，沃尔玛就是价廉物美的代名词。随着时间的流逝，使人们越来越深刻地体会到沃尔玛“厚道销售”的经营之魂。

沃尔玛的折扣定价已经成为行业中的标杆，成为许多商家争相学习的行业模范。折扣定价能够利用各种折扣和让价吸引更多的消费者，促使他们积极推销或购买我们的商品，从而达到扩大销售、提高市场占有率的目的。

随着市场竞争的激烈，折扣定价越来越成为大多数商家长期使用的定价模式。小店在经营过程中，可以借鉴采用以下几种主要的折扣定价形式：

1．现金折扣

小店为了加速资金周转，防止呆账出现，给予现金付款、提前付款或持卡消费的买主一定比例的优待。采用这种策略，虽然销售方本身付出了一定的代价，但它可以吸引顾客用现金支付或电子的形式付款，减少企业风险，促进资金迅速回收，又可扩大经营，形成良性循环。

2．数量折扣

数量折扣是购买者的购买达到一定数量或金额时，店方给予一定折扣。一般来说，顾客购买数量或金额越大，折扣越大。数量折扣鼓励顾客大量购买，使店铺的销售成本减少，资金周转加快。

3．季节性折扣

销售季节性产品的企业，对购买淡季商品的买主，给予折扣优待，鼓励用户错开销售高峰期采购，同时也有利于减轻储存压力，或是低价解决积压的过季产品。平衡淡旺季的销售压力，季节性折扣是一种有效的折扣促销方式。

不过，对于销售人员而言，在对产品作出折让和折扣调整时必须非常小心，否则，我们的利润会远远低于预期，并有可能损害店铺的品牌形象。

·第五章·

广告心理学

广告要取得好的效果，离不开对广告受众心理的理解和把握。任何广告，只有满足受众的心理需求，才能被社会认可。那么，在这里有必要对广告受众的心理特征进行分析，进而合理定位广告创意。总的来说，广告受众的心理主要有感知、需要和情感几个特征。

广告是营销的先锋

很多人会对这则广告留有深刻的印象：

一个年轻的女孩着一袭黑裙心事重重走在街上，广告画面上给出了女孩略显孤独和寂寞的背影。女孩在经过路边的首饰店橱窗时，忍不住停下来观望。

橱窗里摆放有一顶漂亮的白色礼帽。女孩看到自己的身影映在橱窗玻璃上，踮踮脚，礼帽刚好戴在橱窗上的身影上。于是女孩开始情不自禁地站在橱窗前利用橱窗玻璃的反映认真地比画起来。另外，橱窗里展示的还有一条美丽的项链，女孩“试完”礼帽后就开始旁若无人地“试戴”这条项链。

首饰店里的人员看到女孩试戴的样子，发出会心的微笑。这种微笑充满欣赏和善意。女孩也用微笑回应她们，并从口袋拿出一块巧克力，掰下一块放在嘴里，闭上眼睛尽情地享受，幸福美好的感觉似乎扑面而来。广告宣传语“德芙巧克力，此刻尽享丝滑”的声音悠然飘来。

这是德芙巧克力的一则电视广告。广告的画面完全给人一种美的感受。这位女孩作为广告主角，不仅年轻漂亮，而且气质优雅。橱窗里的礼帽洁白无瑕，项链光彩夺目。女孩试戴这些商品，使整个广告画面富有美感，令人心旷神怡。

年轻的女孩是这则广告诉求的对象。诉求主题是：橱窗里的礼帽、项链也许价格太贵，我们也许承受不起，但我同样拥有梦想的权利，想象拥有它们的感觉；也许虽然我们暂时还不能拥有梦想的东西，但内心并不缺失快乐的满足，一块巧克力就能满足内心小小的渴求。

广告中的女孩是我们身边很多人的化身，所以广告一经播出，立即引起巨大反响。这则广告在很多观众心中引起强烈共鸣，激发了观众对快乐和幸福生活的向往，让观众先爱上广告，再爱上德芙，使得德芙巧克力销量陡增。这则广告是当年最受欢迎的广告之一。

营销界流传这样一句话："想推销商品而不做广告，犹如在黑暗中向情人递送秋波。"幽默的语言道出了激烈的市场竞争中广告的重要性。如果说营销是一个作战部队，那么广告就是先锋部队，一个营销战略的应用，关键在于广告的推广力度有多大，广告在整个营销中有不可替代的作用。

但是，随着广告的日益泛滥，要想引起消费者的注意，首先要让你的广告让消费者感觉耳目一新，甚至引起心理上的共鸣。在如今这个已经被广告包围的世界中，广告需要以不一样的风格引起关注。许多知名品牌都是依据这种策略获得了成功。

著名运动品牌阿迪达斯为运动经典系列发布广告。公司认为找一个拥有广泛知名度的代言人，固然可以让品牌变得更为大众所知，但是这样也会使品牌变得大众化，丧失了个性。因此公司决定寻找对大众来说相对比较陌生，但是却更具个性的广告模特。

运动经典系列产品的色彩并不丰富，样式也非常简单。阿迪达斯找到一些有同样气质的人来表现，而且抓住了他们的神态和个人风格。虽然他们只是一些普通人，这则广告并没有邀请大牌明星参与，广告风格样式和画面都不奢华，但是这个系列的广告因其不拘传统的创意吸引了不少注意，广告宣传获得了成功。

要想制作出让顾客喜爱的广告，离不开对广告受众心理的理解和把握。尤其在营销以消费者为中心，传播以受众为导向的今天，企业如果对广告受众的心理一无所知，影响广告受众心理的各种因素一无所知，将无法使其产品发挥应有的市场效应。

所以，在策划一个广告时，首先要根据受众心理来给广告主题定位。广告主题定位的实质内容是研究广告应该向受众“说什么”。企业作为广告的发布者，应该分析其产品最能满足消费者需求的是哪方面，进一步分析这种产品还有其他的什么属性，消费者最关心的是什么，能够牵动受众心灵，找到广告心理诉求点，确定出能够产生最佳宣传效果的广告主题。

广告的目的是为了促进销售。也就是说，广告是为企业的经济效益服务的。不能促进经济效益提升的广告，一定不是好广告。与之相对应的是，一条好的广告不仅能让顾客记住产品，也能与顾客心灵契合，产生某种共鸣，从而引发其购买欲。让顾客先爱上广告，再爱上企业的产品和服务，从而使企业获得品牌和经济效益双丰收。

寻找适合自己的特色传播方式

美国加利福尼亚州兰丽化妆品公司在塑造“兰丽”这一系列化妆品品牌时，利用合乎心理规律的累积印象广告，针对一个个目标市场打开了自己的销路。

他们第一次为兰丽绵羊霜做广告，广告标题中有7个字：“只要青春不要痘。”这句话一下子抓住了少女们的心理。画面上的女子以扇遮面，只露两个眼睛，似羞似俏。其实是因为有“遮不住的烦恼”。

不久，他们策划了新的兰丽绵羊油广告，他们告诉孕妇们：“从怀孕的第三个月开始，早晚使用绵羊油，按摩腹部及乳房，能预防妊娠皱纹的产生及乳房下垂。”

人们又一次了解了兰丽系列化妆品。

一个月后，第三则广告出笼，画面上的家庭主妇送丈夫上班、孩子上学。她告诉所有的主妇：“冬天风寒，防止肌肤粗糙干裂，外出及睡眠前使用绵羊油，尤其是嘴脸、手脚、足踝等特别容易干裂的部位，可使肌肤免受寒风的伤害。”

人们又一次从兰丽化妆品体验到了母亲与妻子般的关爱。

过了一阵，第四则广告与读者见面。一位老祖母年龄的妇女告诉人们：“我现在唯一的遗憾，是脸上的皱纹多了些。假如能回到25岁前，我一定注意护理皮肤，常用绵羊油。”

女性从25岁起，皮肤开始走下坡路，如果这时注意滋润营养肌肤，就能起到防止肌肤衰老，保持肌肤光泽与弹性的效果。

兰丽警告人们，这是前车之鉴。

母亲节的时候，兰丽的广告又劝人买兰丽送给母亲。

企业通过对自身与市场的有机结合分析，可以采取更适合于自己的特色传播方式。在竞争激烈的时代，差异化是有效的生存之道。如何提升品牌在受众心目中的地位，采用什么样的方式进行品牌推广？下面的几种方式应该是值得我们参考的：

1．新闻性广告

新闻是人们关注度与接受度最高的媒体信息之一。避开产品宣传，与媒体搞好关系，希望媒体（电视台、广播、报社、网站、专业性杂志社等）不间断性地采编或采用有益于自己公司的各方面的报道信息，进行品牌传播。

2．公益性广告

进行公益性广告的投资也是一种有价值的传播方式，让企业在消费者心目中形成一种“为民、为公”的形象，以此来打动消费者的心。

3．赞助广告

对体育、文化等各方面的官方、社区举办的活动进行赞助，推广企业品牌，提升企业形象。比如西门子的“自动化之光”中国系列巡展活动，百事可乐中国足球联赛等。

4．网络广告

随着互联网业的逐步成熟，眼球经济向现实转化，企业对电子商务的认可越来越高，也有很多企业现在或不久将采取电子商务模式对企业运作进行充实，摸索与积累未来的商业运作经验。

5. 手机短信广告

中国移动通讯业已经建立起了一个很庞大的平台，在推出短信业务后，每年的短信收发量以几个数量级地增长，广告界可以和移动运营商合作推出广告业务应该是一个不错的选择。

6. 口碑传播

如果你要去买某产品，对于亲朋的推荐甚至听到身边陌生人对某品牌产品赞不绝口时，你就容易购买。

借助名人效应

在中国和世界的顶级企业中，有不少品牌是以创始人的名字命名的。特别是在西方，个性的张扬和对家族的看重，使得以姓氏命名公司成为传统。说起福特就知道是汽车，说起松下必然是电器，说起李宁必然是体育用品。

以名人命名商标尽管依赖于对商标名的解读能力，但它提供的信息是相当有魅力的。如“太白”酒自然会使人联想到唐代的浪漫主义诗人李白。他一生桀骜不驯，纵酒狂歌，以酒为名创作了大量脍炙人口的诗篇。在人们眼里，李白首先是酒仙，然后才是诗仙。因此以“李白”命名白酒，暗示了酒的效能信息与文化内涵。除此之外，还有“黄振龙”（凉茶）、“张小泉”（剪刀）、“李宁”（运动系列）等，都是使用同样的取名策略。

在中国以名人人名命名的企业中，“李宁”可以说是鹤立鸡群，光彩夺目。如今的“李宁牌”已成为中国体育用品的第一品牌，也是中国屈指可数的以名人人名命名的驰名品牌之一。李宁以“魅力、亲和、时尚”的新个性，加上“一切皆有可能”的核心口号，赢得了消费者的注意，2002 年它的销售额突破了 10 亿大关。

李宁的成功除了品牌命名之外，其商标设计也是一个很重要的因素。李宁牌商标的整体设计由汉语拼音“Li”和“Ning”的第一个大写字母“L”和“N”的变形构成，主色调为红色，造型生动、细腻、美观，富于动感和现代意味，充分体现了体育品牌所蕴含的活力和进取精神。其中，飞扬的红旗象征青春，燃烧的火炬象征热情，律动的旋律象征活力。

北京李宁体育用品有限公司由体操王子李宁先生始创于1990年。20余年来，李宁公司由最初单一的运动服装发展到拥有运动服装、运动鞋、运动器材等多个产品系列的专业化体育用品公司。目前，“李宁”产品有3大类，5000余种产品，结构日趋完善，销售额稳步增长，2000年，“李宁”的销售额达7.56亿元。现在，“李宁”在中国体育用品行业中已位居举足轻重的领先地位。今天，“李宁”正在品牌国际化的道路上快速而稳步地前进着。“不做中国的耐克，要做世界的李宁”，这就是李宁人不懈追求的目标。

名人和品牌最好是一一对应的关系，只有这样，才能在消费者心目中构建名人和品牌的清晰联系。如果，你卖的是健身、营养或跟运动、健康相关的产品，最好选择具有强烈运动个性的代言人。如果你的产品是能量补充饮料、蛋白质饮料，找长跑或马拉松选手代言，甚至以身材健美的名人代言，也许加分效果会更明显。

在确定以名人为品牌时，你需要考虑以下几个问题：

以名人做品牌能给企业带来什么好处。

你所用的这位名人和公司产品有何关联。

你是否一定要用名人做品牌，其他方式是否也能行。

赋予品牌独特的内涵

由于消费者对不同的品牌有不一样的认知，他们在购买时就会作出不同的选择，如果公司不主动去给品牌塑造内涵并让公众接受，那在竞争中就容易处于被动。

米其林轮胎人“必比登”诞生于1898年，可是米其林这个品牌的诞生却要比它早60多年。

1832年，在那个还没有汽车的年代，马车是人们唯一的代步工具。米其林兄弟的祖父在法国科列蒙——费昂开办了一家小型的农业机械厂，起初只生产一些供小孩子玩耍的橡皮球玩具，之后便开始制造橡皮软管、橡皮带和马车制动块，并出口到英国去，这就是米其林公司的雏形。

1889年5月28日，爱德华·米其林继承了祖父的事业，并在其兄弟安德鲁·米其林的帮助下正式创立了米其林公司。爱德华成为第一任管理者，现代的米其林公司就是由此发展而来的。

当爱德华接手工厂的时候，工厂还在生产工艺简单的制动块。1889年，一个偶然的事件引起了米其林兄弟对自行车的注意，他们设想如果自行车轮胎能够方便地更换，那它必将有更广阔的发展前景。米其林轮胎的故事便从此开始了。

1891年，米其林兄弟终于研制出可在15分钟内拆换的自行车轮胎，并颇有远见地为他们第一件成功的发明申请了专利。这种可方便更换的轮胎在随后的各种自行车比赛中得到了最好的验证，也很快被大众认可。短短一年，他们的产品已有10000名使用者。

1894 年，米其林将刚刚发明的轮胎装在了公共马车上，代替了传统的铁制车轮，使乘车人感受到前所未有的舒适与安静。

1895 年，在神奇的交通工具——汽车诞生一段时间以来，很少有人对它有足够的信心，原因之一就是硬质的“轮胎”无法充分保护车轮的力学结构，经常导致断裂，研制和推广新式汽车充气轮胎迫在眉睫。

当时，所有汽车厂家都不敢在比赛中装备米其林的充气轮胎，为了宣传和证实产品的优点，米其林兄弟设计制造了自己的汽车——标致公司的车身，4 马力的戴姆勒发动机，最主要的是安装了可更换的米其林充气轮胎。

在“巴黎—波尔多—巴黎”的汽车赛事中，两兄弟亲自上阵，出色地跑完了全程，并在巴黎轰动一时，很多好奇的人甚至把轮胎切开，寻找其中的奥秘。比赛验证了充气轮胎在汽车上的适用性，同时也把第一条汽车轮胎的诞生写进了历史。

1906 年，米其林发明了可拆换的汽车钢圈；1908 年，米其林开发的复轮开始在载重货车和公共汽车上使用；1900—1912 年，米其林的轮胎在所有大型国际汽车赛事中都取得了成功。

20 世纪 30 年代，对于米其林来说是不断创新和进步的 10 年。在尝试了自行车、汽车和飞机之后，米其林又对火车产生了兴趣，并于 1929 年制造出第一条铁路轮胎，为铁路运输带来了安静、舒适、灵敏的加速和平稳的制动。

1930 年，米其林为其嵌入式管状轮胎申请了专利，这就是现代无内胎轮胎的祖先；1932 年，胎压更低的超舒适型轮胎面世，寿命达到 3 万公里。

1934 年，米其林推出了具有特殊花纹的超舒适制动型轮胎，以尽量避免汽车在湿滑路面上出现滑水情形。

1937 年，米其林发明了宽截面的派勒轮胎，有效改善了汽车在高速运行情况下的道路操控性，它展示了当今低截面轮胎的最初形状。

1938 年，米其林将橡胶和钢丝完美地结合，成功设计了钢丝轮胎，改良了轮胎的抗热和热载荷能力，并朝着子午线轮胎的发展迈出了重要的一步。

经过多年不懈的努力，在 1946 年，改变世界轮胎工业、举世闻名的子午线轮胎终于在米其林的工厂中“出生”了。这种轮胎以其独特的优势成为之后 30 年米其林在轮胎业中独领风骚的决定性优势，也令其他同行很难望其项背。

米其林集团已发展出 3500 种产品来满足出行的需求，包括自行车、机车、轿跑车、卡车、飞机，F1 方程式赛车、航天飞机和捷运电车。米其林轮胎有 13 万名员工，在 18 个国家中的 80 间工厂制造各种轮胎，提供营销服务超过 170 个国家。

品牌的核心价值是品牌资产的主体部分，同时也是品牌保持持久竞争力的保证，但品牌核心应该通过品牌的内涵去铸造。因此要针对行业产品的不同特点，再结合适当的市场定位，才能赋予品牌独特的内涵。要维护品牌的核心价值，就需要从以下几方面入手去塑造内涵。

1. 确定合适的内涵

这是塑造品牌内涵的第一步，企业首先要做的就是收集竞争市场信息，包括竞争对手品牌的内涵及被接受程度，市场上品牌分布状况，产品特点、档次等；再根据自己公司或产品特点确定合适的内涵。

2. 制定内涵的传播方式

一旦内涵被确定，企业就需要制订合适的方案去传播，包括时间、地点、途径、是否请明星代言、广告的制定等，不同的传播途径会覆盖不同的消费群体，不一样的手段也会给人不一样的感觉，企业需要根据自身品牌和产品特点及公司实际情况做出合理安排。切不可一味依靠广告。

在品牌传播过程中，很多公司时常忘记的也是需要遵守的一个原则是“避免品牌内涵与产品、服务或公司形象等不符合，不统一”。我们看到，很多品牌投入了很多资金大做广告，却在产品的设计或研发上显得落后，甚至公司内部有违法现象，这都极大地影响了品牌在公众心目中的形象。

3. 不断地维护和创新内涵

社会总是向前发展，客户需求也是会随着时代的变化而变化的，特别是竞争者会在你不小心时利用你的弱点，抢走你的客户。只有不断关注并满足客户需求，才能不断发展。

·第六章·

谈判心理学

在谈判中，了解对手是十分重要的，因为这关系到谈判的成败。但是不同的对手有不同的心理特点，我们必须清楚地了解他们的心理特征，据此采取不同的对策，避免触犯对手心中的禁忌，才有助于谈判的成功。

“无声语言”传递的信息更真实可信

在谈判中，我们不仅要听其言，还要观其行。广东有这样一句谚语：当一个人笑的时候腹部不动就要提防他了。伯明翰大学的艾文·格兰特博士说：“要留心椭圆形笑容。”这是因为这种笑不是发自内心的笑，即皮笑肉不笑。因此在谈判过程中，察言观色是很重要的，它能使我们获得更多信息。这里的“察、观”就是指在谈判过程中对对方的观察，具体一点说，是对对方的姿态、动作的观察。

对人的了解，除了可以通过有声的语言获得信息外，还可以通过姿势、动作这种无声的语言来获得信息，有时后者可以传递前者所不能传递或无法传递的信息。哑剧虽没有有声语言，但观众可以通过演员的姿态、动作等知道他在想什么、干什么。有声语言与姿态、动作等无声语言都可以传递信息，但这两种传递信息的方式在对信息的发送者与接收者如何控制与利用信息这一方面是有区别的。通过有声的语言来传递信息这种方式，对信息发出者来说是可以控制的。而通过无声语言（姿态和动作）来传递信息这种方式，信息的发出者有时是难以控制的。这是因为语言本身是人们有目的、有意识地发出的，而姿态和动作，虽然人们也可以有意识地去控制它，但它们更多时候是在人们无意识之中，或是下意识之中进行的。

人们的某些习惯动作是他们内心意思的外在表现。比如，你刚才与老板在办公室就某个问题进行了探讨，并且交换了看法。假如现在有人问你，你刚才说了些什么？你一定能够很快地、八九不离十地把内容讲出来。如果那人再进一步问你在讲话时或者在讲某几句话时你又做过什么动作，你很可能就描述不出来。这就是因为你说过的话是经过你的大脑有意识地思考的，所以你会有记忆；而你所做的动作除了某些特别的动作，如接了一个电话，你会有印象外，其他一般性的动作，你通常是记不起来的。这是因为你不是有意识地去做这些动作，它们是在无意识或下意识中完成的。

因此，动作和姿态语言传递的信息往往要比有声语言所传递的信息更真实、更可信。据一位曾在第二次世界大战期间服役于德国情报局的人讲，当时他在内部抓到许多美国的情报人员，其依据是这些人在吃东西时往往用右手拿叉子，而没有被严格训练成欧洲人吃东西时用叉子的方式。此外，他们在坐着的时候，两腿交叉的姿势是美国式的而不是欧洲式的。有经验的警察能在一伙小偷中很快地辨认出他们的首领，其依据是他们的眼神与手势有着细微的差别。一般的小偷对小偷首领都会显现出某种敬重之色，而小偷首领在眼神、手势等方面则会显露出某种权威。因此，在谈判过程中对谈判对手姿势和动作的观察、分析，是我们获得谈判信息、了解对手的一个极为重要的方法和手段。

有时，我们要判断对手通过有声的语言传递的信息是否可信，可信度有多大，可以通过对对方动作、姿态和表情，尤其是讲话时的动作姿态和表情的观察来证实。对信息的接收者而言，有时对姿态、动作这种无声语言所传递出的信息比有声的语言传递出的信息更为敏感。举个例子，在法庭上，一个法官对他面前的律师或原告人、被告人眨一眨眼睛或皱一皱眉头，都会使对方神经高度紧张。他们的大脑会立刻高速运转，对法官用动作和姿态传递的信息作出分析、判断和解释。而实际上这位法官大人眨一眨眼睛、皱一皱眉头很可能是因为风将一粒沙子吹进眼睛或者是他在审案时有这么一个眨眼睛或者皱眉头的习惯，而并不代表什么意思，也没想向对方传递什么信息。

由此，我们可以看出，通过察言观色，我们可以更好地了解对手的心理状态，为后面的销售谈判打好基础。

不同的谈判场所运用不同的眼神

眼神能反映一个人的心理活动，特别是在商务交往和谈判中，眼神的巧妙运用会让谈判取得意想不到的良好效果。

2005 年夏，海天集团的经理郭刚带着几位得力助手去广西与商业伙伴谈判。当谈判进行到一半时，突然陷入僵局。会议室中的气氛变得紧张起来，对方代表团虽仍有人表现得漫不经心，但谁都在用眼神较劲。

对方代表团希望郭刚对谈判条件做作一些让步，然而这与郭刚的预期相去甚远。于是有将近五分钟的时间，没有人开口说话，会议室里一片死寂。突然，郭刚抬起头，把眼神从对方所有人的脸上扫过，最后落在主要对手的脸上，紧紧地盯着对方的眼睛。

对方一开始露出深沉的微笑，但是，1 秒钟、2 秒钟……随着时间的流逝，对方终于沉不住气了，说道："老郭，看你的眼神如此坚定，我想今天我再说什么也是徒劳，这样吧，我答应你们的条件，咱们先签一份合同，然后我请大家吃饭。老郭，你这个朋友我交定了！"

在谈判中，如果你想处于主动地位，那么就需要像郭刚一样善用眼神的力量。在谈判中，运用眼神的技巧主要有：

如果你希望给对方留下较深的印象，就要凝视他的目光久一些，以表自信。

如果你想在和对方的争辩中获胜，那你千万不要把目光移开，以示坚定。

如果你不知道别人为什么看你时，你就要稍微留意一下他的面部表情和目光，以便于应对。

如果你和别人四目相对，觉得不自在，你就要把目光移开，减少不快。

如果你和对方谈话时，他漫不经心且出现闭眼姿势，你就要知趣地暂停；你若还想做有效的沟通，那就要主动地随机应变。

如果你想和别人建立良好的默契，应该用60% ~70%的时间注视对方，注视的部位是两眼和嘴之间的三角区域，这样信息的传递，会被正确而有效地理解。

如果你想在交往中，特别是和陌生人的交往中获取成功，那就要以期待的目光，注视对方的讲话，不卑不亢，只带浅淡的微笑，不时以目光接触，这是常用的温和而有效的方式。

在不同的场所运用不同的眼神，这样你才可能在商场上立于不败之地。

在谈判中除了要巧妙地运用眼神外，还需要仔细观察对方的眼睛，因为眼睛是心灵的窗户，一个人的眼睛会告诉你他（她）的心里在想什么。

爱默生曾对眼睛有过这样的描述："人的眼睛和舌头所说的话一样多，不需要词典，却能够从眼睛的语言中了解整个世界，这是它的好处。"眼睛被誉为"心灵的窗户"，这表明它具有反映人的深层心理的功能，其动作、神情、状态是情感最明确的表现。

眼睛的动作及其传达出的信息主要有：

（1）与人交谈时，视线接触对方脸部的时间在正常情况下应占全部谈话时间的30% ~60%，如超过这一平均值，可认为对谈话者本人比对谈话内容更感兴趣，比如一对情侣在讲话时总是互相凝视对方的脸部；若低于此平均值，则表示对谈话内容和谈话者本人都不怎么感兴趣。

（2）倾听对方说话时，几乎不看对方，那是企图掩饰什么的表现。据说，海关的检查人员在检查已填好的报关表格时，他通常会再问一句："还有没有什么东西要呈报？"这时多数检查人员的眼睛不是看着报关表格或其他什么东西，而是盯着你的眼睛，如果你不敢坦然正视检查人员的眼睛，那就表明你在某些方面不够老实。

（3）眼睛闪烁不定是一种反常的举动，通常被视为用来掩饰的手段或性格上的不诚实。一个做事虚伪或者当场撒谎的人，其眼睛常常闪烁不定。

（4）在1秒钟之内连续眨眼几次，这是神情活跃，对某件事感兴趣的表现；有时也可理解为由于个性怯懦或羞涩，不敢正眼直视而做出不停眨眼的动作。在正常情况下，一般人每分钟眨眼5～8次，每次眨眼不超过1秒钟。时间超过1秒钟的眨眼表示厌烦，不感兴趣，或显示自己比对方优越，有藐视对方和不屑一顾的意思。

（5）瞪大眼睛看着对方是表示对对方有很大兴趣。

（6）当人处于兴奋状态时，往往是双目生辉、炯炯有神，此时瞳孔就会放大；而消极、戒备或愤怒时，则愁眉紧锁、目光无神、神情呆滞，此时瞳孔就会缩小。实验表明，瞳孔所传达的信息是无法用意志来控制的。所以，现代的企业家、政治家以及职业赌徒为了不使对方觉察到自己瞳孔的变化，往往喜欢戴上有色眼镜。

当然眼神传递的信息远不止这些，有许多只能意会而难以言传，这就需要我们在实践中用心观察、积累经验、努力把握。

“只能回答是”的问话技巧非常有用

我们先看一个有趣的实验：

假设有两人在一间屋子里。你站在或坐在房间的里端，而他在房间的外端。你希望他从房间的外端走到房间的里端。

不妨来做这个游戏。在游戏中，你问他问题。每次你问他一个问题，如果他答“是”，他就向房间的里端迈进一步。如果每次你问问题，而他回答“不是”，他就后退一步。

如果你想让他从房间的外端走到房间的里端，你最好的策略是不断地问他一系列他只能回答“是”的问题。你必须避免提可能导致他回答“不是”的问题。

通过使用“只能回答是”的问题，你就可以轻而易举地做到这一点。这是些封闭性问题，人们对它们的回答99.9%是肯定的。你让某人越多地对你说“是”，这个人就越可能习惯性地顺从你的要求。

比如：回想一位你经常同意其意见的朋友。你往往已经习惯于作肯定的表示。因此当这个人想劝说你做某事时，即使他还没有完全讲完他的请求，你往往已经决定这么去做。

你肯定也认识你通常不同意其意见的人。此人的特点是经常听到你说“不”。当这个人开始要求你做某事时，你就会同多数人一样，在他还没有讲完他的请求之时，你就肯定已经在琢磨用什么理由来说“不”，以便拒绝这个人的请求。

这些相近的倾向说明，让你想说服的人形成对你说“是”的习惯是多么的重要。反过来也是如此。如果一个人已经习惯性地对你说“不”，不同意你的看法，你想成功地说服他的可能性几乎为零。

提出“只能回答是”的问题有个好办法，就是问你知道那个人会做肯定回答的事情。如果你愿意的话，你可以在问话里加上以下词语，如：

“是这样吧？”

“对吧？”

“你会同意吧？”

一位推销员问一位可能的买主：“你想买这件设备的关键是其费用，是吧？”价格无疑99%是关键的。因此，这样的问题肯定全带来“是”的回答。或许就这样开始了让可能的买主对推销员养成作肯定回答的习惯。

换句话说，这位推销员可以问一位可能的顾客：“设备的价格问题对你来说很重要吧？”这也是一个封闭型“只能回答是”的问题。对这样一个问题，几乎人人都会回答“是”。

当一位雇员想提醒同伴开始干一个项目时，这位雇员可能提出这样“只能回答是”的问题，“我们需要尽快完成这个项目，是吧？”这里，一个明确的声明“我们需要尽快完成这个项目”跟着一个“只能回答是”的问题“是吧？”它要求得到一个“是”的回答。

这种“只能回答是”的问话技巧已被反复证明是非常有用的。

可行性提议往往就是最终协议

提议是商讨问题时提出的主张。卡耐基提出：巧用提议，可起到抛砖引玉的作用。接近双方目标的可行性提议，很有可能成为谈判最终达成的协议。因此，有利于己方的可行性提议在整个谈判中是相当重要的。

提议的方式不拘一格，专业谈判家习惯用试探性提议及条件式提议。

试探性提议往往能诱发出对方的反应，通过彼此的语言及表情，可以确定对方的意图及对此提议所持的态度。

一位谈判者在双方争论毫无结果的情况下向对方提议："如果我们考虑调整我们的做法，你们是否会撤销对我们的起诉?"对方回答道："不，我们还没有撤销起诉的计划。但是，如果你们的做法调整到一定程度时，我们会考虑。"

谈判双方不在原则上退让。一方是以调整做法，要求对方撤销对他们的起诉；另一方要求对方只有调整到一定程度，才会考虑，这里的一定程度，恰是其谈判目标的暗示。不过，这一提议给谈判者双方同时提供了一次争取的机会。

谈判过程中，条件式提议会让谈判者更容易赢得主动。但是，第一个提议最好不要用条件式提议，应先用试探性提议，来个投石问路，看看对方真正坚持的程度。探清对方的想法之后，再拿出有利于己方的条件或提议，击中对方要害。

在一次供求性商务谈判中，厂方在谈判接近尾声时提议："如果你们准备每件成衣增加 20 元成本费的话，我们可以考虑在款式上有所改进。”

其实改进服装款式本是服装厂分内的事，这时，如他们将其作为条件提出来，给对方一种“厂方已作出让步”的错觉。而这种错觉往往奏效。

如果你的提议在谈判中被对方认同时，提议就成了协议。而你坐下来与对方谈判的目的就是要达成一致协议。

让步要有步骤有原则

谈判是一种互动行为，有进就有退。所以让步在谈判中是一种常见现象。让步不是出卖自己的利益而是为了获得更大利益放弃小利益，可见让步应该是必要的。但是，让步也要讲究原则与尺度。如何把握好它呢?

（1）不要过早让步。让步太早，会助长对方的气焰。待对方等得将要失去信心时，你再考虑让步。在这个时候作出哪怕一点点的让步，都会刺激对方对谈判的期望值。

（2）你率先在次要议题上作出让步，促使对方在主要议题上作出让步。

（3）在没有损失或损失很小的情况下，可考虑让步。但每次让步，都要有所收获，且收获要远远大于让步。

（4）让步时要头脑清醒。知道哪些可让，哪些绝对不能让，不要因让步而乱了阵脚。每次让步都有可能损失一大笔钱，掌握让步艺术，减少你的损失。

（5）每次以小幅度让步，获利较多。如果让步的幅度一下子很大，并不见得会使对方完全满意。相反，他见你一下子作出那么大的让步，也许会提出更多的要求。若你是卖者，作出的让步幅度太大，也许会引起买者对你的产品价格的怀疑；若你在作出一连串小的让步后，再问对方："现在，你打算怎么办?"买者也许会因你数次让步，在协议书上签字。

（6）承诺性让步最划算。如果你代表公司与经销商谈判时，上司要求你不能在价格上作出任何让步，而且还要你尽可能做到使客户满意时，你不妨试一试以下几种方法：

①虚心听取对方的意见和要求，对客户表现出你的真诚及友好，让客户接受你，并让客户意识到你是可靠的。

②向客户介绍你所服务的公司及你所推销的产品质量和服务品质，请公司负责人出面向客户作出承诺。

③你可以把公司信得过的老客户作为你的活广告，让新客户咨询老客户，为什么他们选择了你推销的产品。

(7) 打算作出让步之前，首先考虑你的让步在对方眼里有无价值。别人并不看重的东西，没必要送给他。若谈判刚开始你就作出许多微小的让步的话，对方也许会不仅不领情，反而加强对你的攻势，因为他知道你作出这些小的让步有企图，而且他们并不看重这些让步。当对方要你作出真正的让步时，你先前所作的让步也许早已被人遗忘了。此时，你再作出让步，可就吃大亏了。如果你先前并没有作出任何让步，当对方要求你作出让步时，即使这种让步是一小步，只要你作出了，对方也许会领情，因为此时他们还需要你继续让步。

己方的任何一项让步都要获得一定的价值，不论这项让步对于你多么微小，只要对方需要，你就可以利用它达到你的理想目标。

谈判是一场心理战

谈判在表现形式上往往只是语言交锋的过程，但实质上谈判是一场心理战。在谈判中如何察言观色，把握对方的心理，潜移默化地影响其感情因素，充分利用利益引导，都将关系到谈判的成败。如何打赢谈判这场仗，需要谈判者懂得谈判这门艺术里蕴藏的心理战术。

香港某电视剧中有个经典的谈判场景：

快运公司的员工中有一对兄弟，弟弟是哑巴。有一天，弟弟在工作中被重物压成了瘫痪。哥哥找公司索赔，公司不但不答应，还骗他签了一份协议书谎称他弟弟是非工作期间受伤的。

哥哥非常气愤，失去理智之下，在公司布置了炸药，并冲进公司劫持了十多名人质。情况非常危急。这时警局派出了顶尖谈判专家。派来的这位谈判专家由于早年的一次意外，不能正常行走，常年坐在轮椅上。但这个轮椅却为他与劫匪的谈判带来了积极因素。

劫匪：臭警察！不答应我的条件，我就开始杀人质！

谈判专家：别紧张！我是坐轮椅的人，我不会伤害你的。

劫匪看了他一眼，一直紧绷的神经似乎放松下来，情绪有所缓和。

谈判专家：我能理解你的心情。当我不能站起来的时候，我觉得全世界都抛弃了我。每天要在别人的帮助下生活，使我觉得尊严尽失。当时我也感到十分绝望，曾一度想到自杀。但我挺过来了，现在我觉得生活很美好。你还年轻，为什么不给自己留条后路呢？

你想过你弟弟没有？他可只有你一个哥哥啊！

谈判的话使劫匪的心理防线有所松动。谈判专家趁热打铁，将刚刚录制的他弟弟的画面播放给他看。随即又派出快运公司的代表来给他谈条件。劫匪的内心世界开始挣扎，过了一会儿，终于答应放下武器，交出人质。

心理策略在竞争中时常用到。利益是谈判的基础。商业谈判虽然没有电视剧中这么紧张和扣人心弦，但是谈判双方的心理模式是一样的，都是为了争取最大化利益。劫匪是为了获得赔偿，而谈判专家则是为了人质的安全。商业谈判的双方是为了使己方的利益获得最大程度的增加。

利益最大化，并非狭义地指金钱最大化。通常情况下，有六种可以用来交换的资源：爱、金钱、服务、商品、地位和信息。每一种资源的价值取决于对方对其的需求紧迫性和获得的难易程度。所以谈判人员要了解对方的真正需求，在这个基础上因势利导，就能掌握最大的主动权，控制住谈判的局面。

谈判是一种日常工作，对于谈判人员来说，谈判是开展合作成败的关键。谈判人员要面对无数次大大小小的谈判，每一次既是一次新的挑战。成功的谈判是机智号情感天衣无缝的结合，所以，谈判人员要善于使用心理策略，巧妙地将心理战进行到底，使谈判获得最大成功。

在谈判中发动心理战，谈判人员要做到以下三点：

首先，要全面及时地搜集对方信息。这是发起攻心战的前提。具体而言，需搜集的信息包括对方的主体资格、谈判权限和个人情况等。掌握对方的信息越多，越能使心理战术有的放矢，越能够掌控谈判局面。

其次，要使对方心里产生公平感。这是公平理论在谈判过程中的应用。公平感是支配人们行为的重要心理现象，在谈判中，想方设法使对方心理上产生公平感有助于缓和谈判气氛，让对方感到自己被重视，从而操纵对方的认知，达成谈判。

再次，要学会以退为进。老子说过："将欲夺之，必固与之。"古有"以退为进""欲擒故纵"的说法。退一小步，使对手消除心理戒备，让其放松警惕，然后转而"进"一大步，让对手猝不及防。"退"是表面的，"进"才是本质的。

建立心理优势掌握谈判主动

在实际的工作中，企业的销售人员最容易获得的不是心理优势，而是心理劣势。他们承受着市场、竞争对手以及买方谈判力量的三重压力，在面对公司的大客户时，常常会有如履薄冰、谨小慎微的心态。这种心态导致的结果是：只要客户稍施压力，他们会屈服而作出让步的态势，使客户更加大胆地运用他们的“心理优势”来索取更大的利益。

一家外贸公司为开发市场，与一家韩国企业洽谈招商业务。这家韩国企业是一个大客户，外贸公司派出一位业务员与对方交涉了足足两个月。不过，韩国企业一直拖着不签协议。

外贸公司的一名业务经理这时主动请缨，并提出保证三天完成任务。业务经理通过调查，发现韩国企业其实也需要外贸公司的服务，只是想通过拖延获得更大的利益。鉴于此，业务经理一到北京，立即联系上这家韩国公司，但他并没有马上要求与对方见面。

直到第三天，业务经理才约见韩方经理。见面后，业务经理直接切入正题，将公司的条件重新说了一遍，并将所有需要的文件、协议等都准备就位。韩方经理仍想继续采取拖延战术，不过，经过两天的等待，韩方经理也摸不透业务经理到底有何打算。

在提出是否签协议时，眼见韩方经理仍在推托。业务经理对韩方经理说：“谢谢您的款待，您的工作也很忙。既然这次合作还有问题，那我们下次再找机会。”他的话让对方很吃惊：“我们并没有拒绝这次合作。”

业务经理平静地对韩方经理说："我是专程为此次合作而来，与贵公司已经交流了两个月，却迟迟得不到结果，我认为贵公司缺乏足够的诚意。既然我们可能无法合作，我只有去找别的合作者，再次感谢您的款待。"

业务经理的话，一下将韩方经理逼得没有退路。已经完全丧失心理优势的韩方，表示愿意签署协议，合作最终取得成功。

业务经理在联系对方后，并不立刻会面，这向对方传达的信息是对方在自己眼里并不是非常重要，从而软化对方的心理优势，使自己处于有利地位。

如何在销售谈判中占据心理优势？这需要谈判人员准确把握客户需求的紧迫程度，以及自己所提供的产品或服务的可替代性。一般而言，如果对方需求越紧迫，销售的一方就越容易获得心理优势；公司提供的产品或服务越稀缺，公司在面对客户时就越有心理优势。

我们都有这样的销售经验：如果你是卖方，有一客户的用户指明订购你的产品，这个客户就不得不与你达成交易，否则他的用户就会抱怨甚至投诉。在与这种客户谈判中，无论他们如何掩饰其焦急的心情、如何镇定自若，但在他们心理依然会认定你更有优势。

同样的道理，如果谈判对手的长期供应商不能及时供货，或者产品质量出现了问题，而你却是最佳的替代对象，他们在谈判时也会认为你更有优势。上述这两种情况说明一个道理：真正决定谈判中心理优势的不是谈判技巧本身，而是需求本身。如果你的产品具有不可替代性，或者对方需求迫切，你就很容易获得心理优势。

尽管我们在前面强调决定心理优势的根源在于客户的需求本身，但这并不妨碍一些谈判技巧对心理优势的建立产生着微妙的影响。比如在谈判刚开始的时候双方通常会讲一些无关大局的话。经验丰富的谈判者知道，这是在为自己建立心理优势，为引导对方的心智创造条件。

在谈判中，谈判技巧有很多，最常使用并且效果最佳的方法就是利用竞争优势来压制对方。采用这种方法的谈判对手会在事前对谈判对手前进行充分的调查，谈判时突然拿出数十张数据资料来证明自己在市场竞争中处于优势，或证明谈判对手在市场竞争中处于劣势。缺乏经验的谈判者面对这种情况，会立刻手足无措，顷刻间失去了所有的优势。

在这种场景中，心理素质决定着谈判的优势。首先我们要明确一点，只要对手愿意和你一起坐在谈判桌上，就意味着你手中有对手希望获得的资源，就意味着与你合作要优于与你的竞争对手合作。否则他们没必要浪费时间和精力与你讨价还价。所以，千万不要被对方所营造的虚幻的“心理优势”所击倒，要站稳阵脚。

分析归类，有的放矢

每一次谈判，大到耗资数亿美元搅动行业格局的企业并购，小到订购一种纽扣的几毫厘差价，对谈判双方都是一种挑战。这是进攻与防守的过程，是尖矛与固盾的艺术。

不过，在谈判的过程中，往往会发现一种方法在某个对手身上适用，放到另一个对手身上却没什么效果。面对形形色色的谈判对手，自己往往会束手无策。

因此，谈判人员要对谈判对手的类型进行归类和分析，根据不同的类型采取不同的措施，使谈判方法有的放矢，提升谈判效率。

美国谈判家荷伯曾代表一家大公司去购买一座煤矿。矿主是个强硬的谈判者，开价3000万美元，荷伯还价1500万美元。

“你在开玩笑吧？”矿主大声道。“不，我们不是开玩笑。但是请把你的实际售价告诉我们，我们好进行考虑。”矿主仍坚持3000万美元不变。在随后的几个月里，双方形成僵局，价格也在2500万美元与3000万美元之间对峙。

为什么卖主不接受2500万美元这个显然是公平的还价呢？荷伯决定弄清楚，于是他决定请矿主吃饭。在荷伯的一再追问下，矿主终于对解答了荷伯的疑问：“我兄弟的煤矿卖了2800万美元，还有一些附加利益。”荷伯明白了，矿主如此顽固原来不想输给自己的兄弟。

有了这个信息，荷伯就跟公司的有关人员商议。他们首先搞清矿主的兄弟确切得到多少，然后又制订了应对计划。不久，谈判达成协议，最后的价格没有超过公司的预算。同时，付款方式与附加条件也使矿主觉得自己赚得远比自己的兄弟多。

商界谈判中，谈判对手主要有三种类型：强硬型、团体型、搭档型。

强硬型对手通常很固执、自信、傲慢，总是咄咄逼人，不肯示弱。多数时候常常对对手提出的要求一口回绝，不留余地。即使他们表明将认真考虑对手提出的条件，但事实上，一转身就会把这种许诺忘得一干二净。如果对手步步紧逼，要求结果，他们立即会矢口否认。

团体型对手是以团体作战的方式出现的。如果谈判的一方是一个多人团体，而另一方只是单枪匹马，这时在谈判桌上就出现了众寡悬殊的情况。相对来说，团体型对手很容易占据心理优势，因为他们可以轮流作战。另一方就会在对手的轮番攻击之下，疲于应付，最终筋疲力尽，降低判断能力，影响谈判目标的实现。

搭档型对手常用的策略是：当谈判开始时，只派一些低层人员作为主谈手。等到谈判快要达成协议时，真正的主谈手突然插进来，表示以前的己方人员无权作出这样的决定，不仅会使之前达成的协议和共识失效，将谈判重新拉回到原点，还会因为对方底牌的暴露，而提出更为苛刻的谈判条件。

任何类型的谈判对手都会有缺点和弱项，谈判人员只要能够做到以己之长攻对手之短，就能获得谈判的最终胜利。

面对“强硬型”谈判对手，要了解对方如此强硬的理由，只有摸清这些，才能进行有力的反击。例如对手是依据领导指示而如此强硬，那么完全可以直接去找他的上层；如果这只是对方谈判的一种手段，大可不必惊慌错乱，沉着应战，不要表现出乱了阵脚的样子。

面对“团队型”谈判对手，如果谈判人员是单枪作战，就应该懂得一个道理：如果你离开谈判桌，对手一定会惊慌失措，因为他们需要有对手。如果对方仰仗人多势众，发起强烈攻击，而己方在应辩上难以自顾，最好的办法就是拖延时间，为做各种准备赢得时间，以便使自己应对各种情况时更为从容。

面对“搭档型”谈判对手，谈判人员要加强谈判对手资格的审查工作，必须了解对手是否有签字的权利。搭档型谈判策略极具有杀伤力，因为谈判进行到一定程度的时候，陷于被动的一方可能已经完全暴露了谈判底线，除了答应对方的条件，别无良策。为了避免这一情况的发生，如果对手表示签字权在上司手里，谈判人员就应该立即拒绝谈判。

以退为进有时会有奇效

一位商人带着三幅名家画到美国出售，恰好被一位美国画商看中，这位美国人自以为很聪明，他认定：既然这三幅画都是珍品，必有收藏价值，假如买下这三幅画，经过一段时期的收藏肯定会涨价，那时自己一定会发一笔大财。于是下定决心无论如何也要买下这些名家名作。

主意打定，美国画商就问商人：“先生，你的画不错，请问多少钱一幅?”

“你是只买一幅呢，还是三幅都买?”商人不答反问。

“三幅都买怎么讲？只买一幅又怎么讲?”美国人打算先和商人敲定一幅画的价格，然后，再和盘托出，把其他两幅一同买下，肯定能便宜点，多买少算嘛。

商人并没有直接回答他的问题，只是脸上露出为难的表情。美国人沉不住气了，说：“你开个价，三幅一共要多少钱?”

这位商人是一位地地道道的商人，他知道自己画的价值，而且他还了解到，美国人有个习惯，喜欢收藏古董名画，他要是看上，是不会轻易放弃的，肯定出高价买下。并且他从这个美国人的眼神中看出，他已经看上了自己的画了，于是他的心中就有底儿了。

于是漫不经心地回答说：“先生，如果你真想买的话，我就便宜点全卖给你了，每幅3万美元，怎么样?”

这个画商也不是商场上的平庸之辈，他一美元也不想多出，便和商人还起价来，一时间谈判陷入了僵局。

忽然，商人怒气冲冲地拿起一幅画就往外走，二话不说就把画烧了。美国画商看着一幅画被烧非常心痛。他问商人剩下的两幅画卖多少钱。

想不到商人这回要价口气更是强硬，声明少于 9 万美元不卖。少了一幅画，还要 9 万美元，美国商人觉得太委屈，便要求降低价钱。

但商人不理会这一套，又怒气冲冲地拿起一幅画烧掉了。

这一回画商大惊失色，只好乞求商人不要把最后一幅画烧掉，因为自己实在太爱这幅画了。接着，他又问这最后一幅画多少钱。

想不到商人张口竟要 12 万美元。商人接着说：“如今，只剩下一幅了，这可以说是绝世之宝，它的价值已大大超过了三幅画都在的时候。因此，现在我告诉你，如果你真想要买这幅画，最低得出价 12 万美元。”

画商一脸苦相，没办法，最后只好成交。

就像这个案例中那位卖画的商人，他凭借对美国人习惯的了解和对这个美国人表情的观察，知道对方已经有了购买欲望。商人作出这个判断，一方面依靠的是其掌握的情况，收集到的信息；另一方面依靠的是其善于察言观色的能力。

得出这个结论后，商人知道自己在这场谈判中已经占据了主导地位，在谈判陷入僵局后，他机智地连烧两幅画，并且抬高了原来的价格，最终迫使美国人高价成交，这就是一种典型的以退为进的策略，于是他取得了谈判的胜利。

可见，在谈判过程中，“以退为进”往往能起到事半功倍的效果，因此，推销员如果遇到类似的情况，不妨向那位商人学习，采用“以退为进”的策略让谈判对手“束手就擒”。

充分了解你的客户

几年前，华北某省移动局有一个电信计费的项目，A公司志在必得，系统集成商、代理商组织了一个有十几个人的项目小组，住在当地的宾馆里，天天跟客户在一起，还帮客户做标书，做测试，关系处得非常好，大家都认为拿下这个订单是十拿九稳的，但在投标时却输给另一家系统集成商。

不打不相识，最后双方决定坐下来谈一谈，看看有没有合作的可能性。后来得知，中标方的代表是位长相很普通的李小姐。事后，A公司的代表问她："你们是靠什么赢了那么大的订单呢？要知道，我们的代理商很努力呀！"李小姐反问道："你猜我在签这个合同前见了几次客户？"A公司的代表就说："我们的代理商在那边待了好几个月，你少说也去了20多次吧。"李小姐说："我只去了3次。"只去了3次就拿下2000万的订单？肯定有特别好的关系吧，但李小姐在做这个项目之前，一个客户都不认识。

那到底是怎么回事呢？

她第一次来山东，就分别拜访局里的每一个部门，拜访到局长的时候，发现局长不在，办公室的人告诉她局长去北京出差了。她就又问局长出差住在哪个宾馆。马上就给那个宾馆打了个电话，嘱咐该宾馆订一束鲜花和一个果篮，写上她的名字，送到局长房间。然后又打电话给她的老总，说这个局长非常重要，在北京出差，请老总一定要想办法接待一下。

她马上预订了机票，中断其他工作，下了飞机就去这个宾馆找局长。等她到宾馆的时候，发现她的老总已经在跟局长喝咖啡了。

在聊天中得知局长有两天的休息时间，老总就请局长到公司参观，局长对公司的印象非常好。参观完之后大家一起吃晚饭，吃完晚饭她请局长看话剧《茶馆》。

为什么请局长看《茶馆》呢？因为她在济南的时候问过办公室的工作人员，得知局长很喜欢看话剧。局长离开北京时，她把局长送到飞机场，对局长说："我们谈得非常愉快，一周之后我们能不能到您那儿做技术交流？"局长很痛快地答应了这个要求。一周之后，她的公司老总带队到山东做技术交流。

老总后来对她说，局长很给"面子"，亲自将相关部门的有关人员都请来，一起参加了技术交流，在交流的过程中，大家都感到了局长的倾向性，所以这个订单很顺利地拿了下来。

A 公司的代表听后说："你可真幸运，刚好局长到北京开会。"

李小姐掏出了一个小本子，说："不是什么幸运，我的每个重要客户的行程都记在上面。"打开一看，上面密密麻麻地记了很多名字、时间和航班，等等。

在此案例中，中标方的销售代表只与客户接触了 3 次就成功谈下了 2000 万的订单，而竞争对手 A 公司花费了很大的人力、物力也未能如愿，原因就在于中标方的销售代表掌握了客户的关键决策人物——移动局局长的个人资料，并且根据这些资料采取了一系列主攻客户的谈判策略。

每个谈判人都具有感性思维，完全理性的人并不存在。从客户的感性角度出发，打动对方的感情，获得客户的好感，你就已经成功了一半。特别是在与大客户谈判的时候，之前对大客户的家庭状况、家乡、爱好、社会关系、个人发展等方面的资料有一个详细的了解，对于我们在谈判中展开一系列公关活动获得客户信任有很大的作用，有助于促成谈判的成功。

·第七章·

销售人员的自我修养

市场营销是一门科学，更是一门艺术。如果要评价一个销售人员的能力，最基本的方法就是看其销售业绩如何，看其与客户相处得融洽程度如何。这两点看似简单，但真正想做得很优秀是很难的。许许多多成功营销人员的亲身实践告诉我们，销售工作是一项地地道道的技术活儿，如果掌握了销售方面的技巧，你的工作必然会达到事半功倍的效果。

认识销售工作的价值

想一想，小到一支几毛钱的铅笔，大到价值数百亿的交易，是不是都离不开商业销售？我们每个人，是不是没有谁能够离开销售活动？那么，在商业社会中，谁才是最重要的人？

答案是，销售工作者。

工作占据了几乎所有人生命中最长的阶段。人生就是在不停地自我展示和自我实现。工作不仅是人生的必经阶段，更是一个人展示自己能力的舞台和实现自身价值的平台。在这个舞台上人们的知识、才能和素质都会一一得到展示。在展示的过程中，不仅可以表现自我，更能使个人使命感得到满足。

很多人都觉得销售工作很平凡。其实不然，这个世界没人能离得开销售。正是数以千万计的销售大军，支撑着现代社会的商业体系。他们为每个消费者带去方便和温暖。对销售界的从业人员来说，不管是高层的销售经理，还是底层的业务代表，其所从事的销售工作都是有价值的。

销售应该被看作一种服务性的职业，销售员在给客户带来方便的同时，也可以从中获得客户的认可和尊重。对于销售工作来讲，各种各样的挫折和打击，是在所难免的。你要从另一个角度看待这个问题，只有在征服困难的过程中，一个人才能获得最大的满足。

成功只属于有准备的人。销售员要明白自己不仅是在为老板工作，还是在为自己的未来工作。唯有努力工作，方有可能赢得尊重，并进而实现自己的价值。即使自己的工作很平凡，也要学会在平凡的工作中寻找不平凡的地方。工作中无小事，并不是所有人都能把每一件简单的事都做好。能做到的人绝对不简单。

既然选择了销售这种职业，就应该全身心投入进去。用努力换取应有的回报。而不应该因为对当下的工作不满意，而每天消极地应付，浑浑噩噩。走脚下的路的同时，也要把目光放长远。

有两位大学生毕业后同时进入一家公司，又同时成为该公司的销售代表。

第一位虽然也知道这种低端的工作并不让人满意，但是他仍然每天兢兢业业地工作，把每一个项目都做到最好。更重要的是，他做了长远规划。他把当下的销售工作当作未来事业的起点，不断地在实践中认真学习和提高自己的能力。他善于思考，经常花费时间和精力去解决市场中的问题。他每天都能积极乐观地面对自己遇到的一切难题，并对自己的前途充满希望。

另一位则只是把销售当作当下谋生的手段，表现不出对工作的热情。每天按部就班地照公司的规定办事，还时不时偷个懒。虽然表面上他也能把应该完成的业绩完成，但也仅限于此。从不多考虑一步。他还非常看重薪水，在这家公司没做多久，就跳槽去了另一家薪水稍高的公司。

十年过去了，两人的发展截然不同。前者因为业绩突出，能力超强，不断获得领导赏识，一路升职，已经成为那家公司的销售总裁；后者则不断跳槽，每次都是追求更高一点的薪水，但一直都是销售员而已。

“不想当将军的士兵不是好士兵。”工作中每个人都拥有成为优秀员工的潜能，都拥有被委以重任的机会。但只有你努力工作，一心向上，机会才能轮到你头上。

一个人一定要明白自己工作的目的和价值，要知道工作不仅仅是为了获得升级和赚到更多的钱。销售员要为自己的工作感到骄傲和自豪，因为好多伟大的人都是从这一行起家的。我们熟知的世界上最伟大的推销员，如原一平、博恩·崔西、克里蒙特·斯通，他们都是从最底端做起。他们对自己的工作充满激情，为自己的工作感到骄傲。从而在自己能够胜任的岗位上，最大限度地发挥自己的能力，实现自己的价值，不断实现自我提升。只要你能够积极进取，就会从平凡的工作中脱颖而出。梦不是靠想出来的，是靠做出来的。因此做销售要树立正确的价值观，找到自己前进的方向，并为之努力奋斗。只有坚持不懈的人，才会最终成为那少数的成功者之一。

要培养积极的心态，因为积极心态是生命的灿烂阳光，能给人以温暖和力量。与之相对，消极的心态是生命的阴云，让人感到寒冷和无助。大量翻阅成功人士的故事和经历，我们就会发现他们有个共同的特点，就是不管环境如何，都能保持积极的心态，决不敷衍了事。

克服面对客户的恐惧

几乎所有的艺术表演者都怯过场，在出场前都有相同的心理恐惧：一切会正常无误吗？我会不会漏词，忘表情？我能让观众喜欢吗？

营销大师贝特格从事推销的头一年时收入相当微薄，因此他只得兼职担任史瓦莫尔大学棒球队的教练。有一天，他突然收到一封邀请函，邀请他演讲有关《生活、人格、运动员精神》的题目，可是当时他连面对一个人说话时都无法表达清楚，更别说面对一百位听众说话了。

由此贝特格认识到，只有先克服和陌生人说话时的胆怯与恐惧才能有成就，第二天，他向一个社团组织求教，最后得到很大进步。

这次演讲对贝特格而言是一项空前的成就，它使贝特格克服了懦弱的性格。

推销员的感觉基本上与他们完全一样。不少推销员很难坦然、轻松地面对客户，很多推销员会在最后签合同的紧要关头突然紧张害怕起来，不少生意就这么被毁了。

还有一些推销员，在与客户协商过程中，目标明确，手段灵活，直至签约前都一帆风顺，结果在关键时刻失去了获得工作成果和引导客户签约的勇气。

为什么会这样呢？这其实是在害怕自己犯错，害怕被客户发觉错误，害怕丢掉渴望已久的订单。

如何避免这种状况发生呢？无疑只有完全靠内心的自我调节。

推销员其实是个助人的好角色，你无须害怕。

保持进行到底的恒心

一个人做事没有耐心，没有恒心是很难成功的。因为任何一件事的成功都不是偶然的，它需要你耐心地等待。同样，一个人做事不坚持，他就很难看到成功，因为他在成功到来之前就放弃了。

一个人的毅力决定了我们在面对困难、失败、挫折、打击时，是倒下去还是屹立不倒。一个人如果想把任何事进行到底，单单靠着“一时的冲劲”是不行的，还需要毅力。

世界潜能大师博恩·崔西曾说过：“现在世界上大部分的人都处在不耐心的状态下，有许多人做行销，做推销有一个非常奇怪的习惯。东边一只兔子，去追。西边有一只兔子，也去追。南边有一只兔子，也去追。北边有一只兔子，还去追。追来追去，一只兔子也追不到。所以，成功永远只有耐心不耐心的问题，要成功就要坚持去追一只兔子。”

有位国际著名的推销大师，即将告别他的推销生涯，应行业协会和社会各界的邀请，他将在该城中最大的体育馆，做告别职业生涯的演说。

那天，会场座无虚席，人们在热切地等待着那位当代最伟大的推销员做精彩的演讲。当大幕徐徐拉开，6 个彪形大汉抬着一个巨大的铁球走到舞台中央。

一位老者在人们热烈的掌声中，走了出来，站在铁球的一边。他就是那位今天将要演讲的推销大师。人们惊奇地望着他，不知道他要做出什么举动。

这时两位工作人员，抬着一个大铁锤，放在老者的面前。老人请两个年轻力壮的人用这个大铁锤，去敲打那个铁球，直到把它滚动起来。

一个年轻人抡着铁锤，全力向铁球砸去，一声震耳的响声过后，那铁球动也没动。他用大铁锤接二连三地搞了一段时间后，很快就气喘吁吁了。

另一个人也不甘示弱，接过大铁锤把铁球敲得叮当响，可是铁球仍旧一动不动。

台下逐渐没了呐喊声，观众好像认定那是没用的，铁锤是敲不动铁球的。他们在等着老人的解释。

会场恢复了平静，老人从上衣口袋里掏出一个小锤，然后认真地，面对着那个巨大的铁球。他用小锤对着铁球“咚”敲了一下，然后停顿一下，再一次用小锤“咚”地敲一下。停顿一下，然后“咚”地敲一下，就这样持续地用小锤敲打着。

十分钟过去了，二十分钟过去了，会场早已开始骚动，有的人干脆叫骂起来，人们用各种声音和动作发泄着他们的不满。老人好像什么也没发生，仍然一小锤一小锤地工作着。人们开始愤然离去，会场上出现了大块大块的空缺。

大概在老人进行到四十分钟的时候，坐在前面的一个妇女突然尖叫一声：“球动了!”霎时间会场立即鸦雀无声，人们聚精会神地看着那个铁球。那球以很小的幅度真的动了起来。老人仍旧一小锤一小锤地敲着，人们好像都听到了那小锤敲打铁球的声响。铁球在老人一锤一锤的敲打中越动越快，最后滚动起来了，场上终于爆发出一阵阵热烈的掌声。在掌声中，老人转过身来，说：“当成功来临时候，你挡都挡不住。”

在每个人生命的每一天都要接受很多的考验。如果销售人员能够坚韧不拔，勇往直前，迎接挑战，那么你一定会成功。

拥有支配时间的能力

一天，时间管理专家为一群商学院的学生讲课。“我们来个小测验。”专家拿出一个一加仑的广口瓶放在桌上。随后，他取出一堆拳头大小的石块，把它们一块块地放进瓶子里，直到石块高出瓶口再也放不下了。他问：“瓶子满了吗?”所有的学生应道：“满了。”他反问：“真的?”说着他从桌下取出一桶沙子，倒了一些进去，并敲击玻璃壁使沙子填满石块间的间隙。

“现在瓶子满了吗?”这一次学生有些明白了，“可能还没有。”一位学生应道。“很好!”他伸手从桌下又拿出一桶沙子，把沙子慢慢倒进玻璃瓶。沙子填满了石块的所有间隙。他又一次问学生：“瓶子满了吗?”“没满!”学生们大声说。然后专家拿过一壶水倒进玻璃瓶直到水面与瓶口齐平。他望着学生，“这个例子说明了什么?”一个学生举手发言：“它告诉我们：无论你的时间多么紧凑，如果你真的再加把劲，你还可以干更多的事!”

“不，那还不是它的寓意所在。”专家说，“这个例子告诉我们，如果你不先把大石块放进瓶子里，那么你就再也无法把它们放进去了。那么，什么是你生命中的‘大石块’呢?你的信仰、学识、梦想?或是和我一样，传道授业解惑?切切记住，得先去处理这些‘大石块’，否则你就将错过终生。”

上帝是公平的，上帝给每个人的时间一样多，每个人一天的时间都是24小时。没有谁比谁多一分钟，亦没有谁比谁少一分钟。虽然人们的时间一样多，但各自的成就却有差别。为什么呢?因为他们对时间的管理策略不同。

除了把大部分时间和主要精力运用于重要事情上以外，还要学会利用琐碎时间。

工作与工作之间总会出现时间的空当，人们都会在每件事情与事情之间浪费琐碎的片段时间，例如等车、等电梯，这些片刻的空闲时间，如果我们不善加利用，它们就会白白溜走；倘若能够善加利用，积累起来的时间所产生的效果也是非常可观的。

推销员在等公共汽车时总有近 10 分钟的空当时间，若是毫无目标地与人闲聊或四下张望，就是缺乏效率的时间运用。如果每天利用这 10 分钟等车的时间想一想自己将要拜访的客户，想一想自己的开场白，对自己的下一步工作做一下安排，那么，你的推销工作一定能顺利展开。不要小看这不起眼的几分钟，说不定正是在这几分钟的策划下，你的推销取得了成功。

妥善地规划行程也是有效利用时间的方法。

在时间的运用上，最忌讳的是缺乏事前计划，想到哪里就做到哪里，这是最浪费时间的。推销员拜访客户时，从甲客户到丙客户的行程安排中，遗漏了两者中间还有一个乙客户的存在，等到拜访完丙客户时，才又想到必须绕回去拜访乙客户，这就是事先未做好妥善的行程规划所致，如此一来，做事的效率自然事倍功半。另外，某些私人事务也可以在拜访客户的行程中顺道完成，来减少往返时间的浪费。例如，交水电费、交电话费、寄信、买车票等等，因此一份完整的行程安排表是不可或缺的。

要做时间的主人还要有积极的时间概念。

凡事必须定出完成的时间，才会迫使自己积极地掌握时间。就比如住得近的人容易晚到一样，其原因是住得近，容易忽略时间。

例如，一些推销员为了方便上班，在离公司一步之遥的地方租房子，因为很快就可以到达公司，但也容易养成磨磨蹭蹭的坏习惯，结果往往是快迟到的时候，才惊觉时间已经来不及了。事实上，不是时间不够用，而是因为消极的心态让你疏忽了时间的重要性。因此，要改变自己的想法，就必须用正确而积极的态度面对时间管理，要求自己凡事都得限时完成，如此才能提高工作效率。

推销员是可以自由支配自己时间的人，如果没有时间概念，不能有效地管理好自己的时间，那么要想推销成功就无从谈起。

增强令你获得成功的信心

每当海菲在推销商品的过程中遇到挫折时，他会想：我是世界上独一无二的，我是上帝创造的杰作和奇迹，即使当我屡被拒绝，而且将这神灵的羊皮卷赐予我，我真是自然界伟大的奇迹，我将永远不再自怜自贱，而且从今天起，我要加倍重视自己的价值。

因为他坚信“羊皮卷”中的真言乃是神的谕旨，于是他毫无顾忌地大声诵读起来：

“我相信，我是自然界最伟大的奇迹。

“我不是随意来到这个世间的。我生来应为高山，而非草芥。从今天起，我要倾尽全力成为群峰之巅，发挥出最大的潜能。

“我要汲取前人的经验，了解自己以及手中的货物，这样才能更大程度地增加销量。我要斟酌词句，反复推敲推销时用的语言，因为这关系到事业的成败。我知道，许多成功的推销员，其实只有一套说辞，却能使他们无往不利。我还要不断改进自己的仪表和风度，因为这是最能吸引别人的关键。

“从今天起，我永远不再自怜自贱。”

自信是每一个成功人士最为重要的特质之一。信心是我们获得财富、争取自由的出发点。有句谚语说得好：“必须具有信心，才能真正拥有。”

真正的自信不是孤芳自赏，也不是夜郎自大，更不是得意忘形、自以为是和盲目乐观；真正的自信就是看到自己的强项并加以肯定、展示或表达。它是内在实力和实际能力的一种体现，能够清楚地预见并把握事情的正确性和发展趋势，引导自己做得最好或更好。

世界酒店大王希尔顿，用200美元创业起家，有人问他成功的秘诀，他说："信心。"拿破仑·希尔说："有方向感的自信心，令我们每一个意念都充满力量。当你有强大的自信心去推动你的致富巨轮时，你就可以平步青云。"美国前总统里根在接受《SUCCESS》杂志采访时说："创业者若抱有无比的信心，就可以缔造一个美好的未来。"

只有先相信自己别人才会相信你，多诺阿索说："你需要推销的首先就是你的自信，你越是自信，就越能表现出自信的品质。"一个人一旦在自己心中把自己的形象提升之后，其走路的姿势、言谈、举止，无不显示出自信、轻松和愉快。

如果没有坚定的自信去勇于面对责难和嘲讽，去不断地尝试着突破旧观念和挑战权威，那么爱迪生不可能发明电灯，莫尔斯不可能发明电报，贝尔不可能发明电话。居里夫人说："我们的生活都不容易，但是，那有什么关系？我们必须有恒心，尤其要有自信心，我们的天赋是用来做某件事情的，无论代价多么大，这种事情必须做到。"

汤姆·邓普西生下来的时候只有半只左脚和一只畸形的右手，父母从不让他因为自己的残疾而感到不安。结果，他能做到任何健全男孩所能做的事：如果童子军团行军10公里，汤姆也同样可以走完10公里。

后来他学踢橄榄球，他发现，自己能把球踢得比在一起玩的男孩子都远。他请人为他专门设计了一只鞋子，参加了踢球测验，并且得到了冲锋队的一份合约。

但是教练却尽量婉转地告诉他，说他"不具备做职业橄榄球员的条件”，劝他去试试其他的事业。最后他申请加入新奥尔良圣徒球队，并且请求教练给他一次机会。教练虽然心存怀疑，但是看到这个男子这么自信，对他有了好感，因此就留下了他。

两个星期之后，教练对他的好感加深了，因为他在一次友谊赛中踢出了55码并且为本队得了分。这使他获得了专为圣徒队踢球的工作，而且在那一季中为他的球队得了99分。

他一生中最伟大的时刻到来了。那天，球场上坐了6.6万名球迷。球是在28码线上，比赛只剩下几秒钟。这时球队把球推进到45码线上。“邓普西，进场踢球！”教练大声说。

当汤姆进场时，他知道他的队距离得分线有54码远。球传接得很好，汤姆一脚全力踢在球身上，球笔直地向前下去。但是踢得够远吗？6.6万名球迷屏住气观看，球在球门横杆之上几英寸的地方越过，接着终端得分线上的裁判举起了双手，表示得了3分，汤姆的球队以19比17获胜。球迷狂呼高叫为踢得最远的一球而兴奋，因为这是只有半只左脚和一只畸形的手的球员踢出来的！

“真令人难以相信！”有人感叹道，但是汤姆只是微笑。他想起他的父母，他们一直告诉他的是他能做什么，而不是他不能做什么。他之所以创造这么了不起的纪录，正如他自己说的：“他们从来没有告诉我，我有什么不能做的。”这就是自信。

抛弃令你负重前行的烦恼

我们许多人一生都背负着两个包袱，一个包袱装的是“昨天的烦恼”，一个包袱装的是“明天的忧虑”。人只要活着就永远有昨天和明天。所以，人只要活着就永远背着这两个包袱。

其实，你完全可以选择另外一种生活，你完全可以去掉这两个包袱，把它们扔进大海里，扔进垃圾堆里。没有人要求你要背负着这两个包袱。

忧能伤人，尔士·梅耶医生说：“烦恼会影响血液循环，以及整个神经系统。很少有人因为工作过度而累死，可是真有人是烦死的。”

素珊第一次去见她的心理医生，一开口就说：“医生，我想你是帮不了我的，我实在是个很糟糕的人，老是把工作搞得一塌糊涂，肯定会给辞掉。就在昨天，老板跟我说我要调职了，他说是升职。要是我的工作表现真的好，干吗要把我调职呢？”

可是，慢慢地，在那些泄气话背后，素珊说出了她的真实情况。原来她在两年前拿了个 MBA 学位，有一份薪水优厚的工作。这哪能算是一事无成呢？

针对素珊的情况，心理医生要她以后把想到的话记下来，尤其在晚上失眠时想到的话。在他们第二次见面时，素珊列下了这样的话：“我其实并不怎么出色。我之所以能够冒出头来全是侥幸。”“明天定会大祸临头，我从没主持过会议。”“今天早上老板满脸怒容，我做错了什么呢？”

她承认说："单在一天里，我列下了26个消极思想，难怪我经常觉得疲倦，意志消沉。"

素珊听到自己把忧虑和烦恼的事念出来，才发觉到自己为了一些假想的灾祸浪费了太多的精力。

现实生活中，有很多自寻烦恼和忧虑的人，对他们来说，忧烦似乎成了一种习惯。有的人对名利过于苛求，得不到便烦躁不安；有的人性情多疑，老是无端地觉得别人在背后说他的坏话；有的人嫉妒心重，看到别人超过自己，心里就难过；有的人把别人的问题揽到自己身上自怨自艾，这无异于引火烧身。

忧虑情绪的真正病源，应当从忧烦者的内心去寻找。大凡终日忧烦的人，实际上并不是遭到了多大的不幸，而是对生活存在片面的认识。聪明的人即使处在忧烦的环境中，也往往能够自己寻找快乐。因此，当受到忧烦情绪袭扰的时候，就应当自问为什么会忧烦，从主观方面寻找原因，学会从心理上去适应你周围的环境。

所以，要在忧烦毁了你以前，先改掉忧烦的习惯。

不要去烦恼那些你无法改变的事情。你的精神气力可以用在更积极、更有建设性的事情上面。如果你不喜欢自己目前的生活，别坐在那儿烦恼，而是要设法去改善它。多做点事，少烦恼一点，因为烦恼就像摇椅一样，无论怎么摇，最后还是留在原地。

保持乐观精神很重要。人生是一种选择，人生是选择的结果，不一样的选择会有不一样的结果。你选择心情愉快，你得到的也是愉快。你选择心情不愉快，你得到的也是不愉快。我们都愿意快乐，不愿意不快乐。既然这样，我们为什么不选择愉快的心情呢？毕竟，我们无法控制每一件事情，但我们可以选择我们的心情。

每个人的观念及价值观不同，所以看待同一件事情所得到的反应也不同。你觉得是件快乐的事情，在别人看来却有点伤感。每个人都有每个人不同的快乐标准，每个人也都有每个人不一样的忧愁。

吃葡萄时，悲观者从大粒的开始吃，心里充满了失望，因为他所吃的每一粒都比上一粒小。而乐观者则从小粒的开始吃，心里充满了快乐，因为他所吃的每一粒都比上一粒大。

悲观者的眼光与乐观者的眼光截然不同，悲观者看到的都令他失望，而乐观者看到的都令他快乐。在销售过程中，销售员一定不要悲观，遇到问题时要学会用乐观的心态去面对。

制定工作规划并坚决执行

身为一个推销员，必须了解，你的日程表上的所有事项并非同样重要，不应对它们“一视同仁”，这是很重要的。如果推销员列出日程表，但开始进行表上的工作时，却未按照事情的轻重缓急来处理，就会导致推销员的效率偏低。

在确定了应该做哪几件事之后，推销员必须按它们的轻重缓急开始行动。许多推销员是根据事情的紧迫感，而不是事情的优先程度来安排先后顺序的。因此，这些人的做法是被动的而不是主动的。成功的推销员会这样做：

首先，每天开始都有一张先后顺序表。

伯利恒钢铁公司总裁查理斯·舒瓦普承认曾会见效率专家艾维·利。会见时，艾维·利说自己的公司能帮助舒瓦普把他的钢铁公司管理得更好。舒瓦普承认他自己懂得如何管理但事实上公司不尽如人意。可是他说需要的不是更多的知识，而是更多的行动。他说：“应该做什么，我们自己是清楚的。如果你能告诉我们如何更好地执行计划，我听你的，在合理范围之内价钱由你定。”

艾维·利说可以在10分钟内给舒瓦普一样东西，这东西能把他公司的业绩提高至少50%。然后他递给舒瓦普一张空白纸，说：“在这张纸上写下你明天要做的6件最重要的事。”过了一会又说：“现在用数字标明每件事情对于你和你的公司的重要性次序。”这花了大约5分钟。

艾维·利接着说：“现在把这张纸放进口袋。明天早上第一件事是把字条拿出来实施第一项。不要看其他的，只看第一项。着手办第一件事，直至完成为止。然后用同样的方法对待第二项、第三项……直到你下班为止。如果你只做完第一件事，那不要紧。保证最重要的事情先做即可。”

艾维·利又说：“每一天都要这样做。你对这种方法的价值深信不疑之后，叫你公司的人也这样干。这个试验你爱做多久就做多久，然后给我寄支票来，你认为值多少就给我多少。”

整个会见历时不到半个钟头。几个星期之后，舒瓦普给艾维·利寄去一张 2.5 万元的支票，还有一封信。信上说从钱的观点看，那也是他一生中最有价值的一课。

后来有人说，5 年之后，这个当年不为人知的小钢铁厂一跃而成为世界上最大的独立钢铁厂，艾维·利提出的方法功不可没。这个方法还为查理斯·舒瓦普赚得一亿美元。

人们有不按重要性顺序办事的倾向。多数人宁可做令人愉快的或是方便的事。但是没有其他办法比按重要性办事更能有效利用时间了。试用这个方法一个月，你会见到令人惊讶的效果。

其次，把事情按重要程度写下来，定个进度表把一天的时间安排好，这对于一个推销员的成功是很关键的。这样你可以每时每刻集中精力处理要做的事。同样，把一周、一个月、一年的时间安排好，同等重要。

每个月的开始，你都应该坐下来看该月的日历和本月的主要任务表。然后把这些任务填入日历中，再定出一个进度表。这样做之后，你会发现你不会错过任何一个最后期限或忘记一项任务。

亨瑞·杰克出生于美国旧金山城一个移民家庭。亨瑞因家庭条件所限，连中学都没有念完就开始自谋生路。18 岁时亨瑞成为一名公交司机，后因伤病离职。29 岁时进入人寿保险推销行业，初期业绩很不理想，后来一帆风顺，成为成功的推销员。

当亨瑞远离了失业带来的痛苦，满怀信心地投入人寿险推销工作时，为了鼓励自己，他常对自己说："亨瑞，你有常人的智慧，你有一双能走路的腿，你每天走出去把保险的好处告诉四到五个人是决不成问题的，如果你能坚持下去，就一定能够成功。"

由新生活带来的巨大的积极性，使亨瑞决心每天都记日记，把每一天所做的访问详细地记录下来，以保证每天至少访问四个以上客户。通过每天记录，他发现自己每天实际上可以尝试更多的拜访；并且还发现，坚持不懈地每天访问四位客户真不是一件简单的事。亨瑞感觉到以前实在是太懒惰了，否则不至于如此落魄。

采取新的工作方法之后的第一周，亨瑞卖出了 1.5 万美元的保单，这个数字比其他 10 个新推销员卖出的总和还要多。1.5 万美元的保险在别人眼里也许算不了什么，但却证明他的决定是正确的，也证明了他有能力做得更好。

为了尽量少浪费时间，拜访更多的客户，亨瑞决定不再花时间去写日记。但命运又一次捉弄了他，从他停止记日记之后，他的业绩又开始往下掉，几个月之后，他发现又回到以前那种叫天天不应、呼地地不灵的地步。亨瑞只好向公司的资深推销员求教。他向这位资深推销员讲述了自己的苦恼，对方并没有多说，只是向亨瑞推荐了一首诗。

亨瑞将自己锁在办公室里，反复诵读这首诗，进行了几个小时的反省，不停地反问自己到底是哪里出了问题。终于他明白了一个道理，业绩回落，这并不是因为他偷懒，而是因为自己拜访客户无规律的结果。此后他又重新记工作日记了。

通过坚持写工作日记，亨瑞发现他每次出门的效率在不断地提升。在短短的几个月之中，他从每出门 29 次才能做成一笔生意上升到每出门 25 次就成交一笔，又到每 20 次一笔，直至每出门 10 次，甚至 3 次就有一笔生意成交。

通过仔细地研究工作日记，亨瑞发现有 70% 的生意实际上是在跟客户碰面的第二次时就成交了，其中 23% 是在第一次碰面时做成的，而只有 7% 是至少拜访了三次以上才做成的。再详细一分析，亨瑞发现，他竟在 7% 的生意上花掉了他 15% 的时间，他不禁问自己："我为什么要事倍而功半地做这 7% 的生意呢？为什么不把所有的时间集中在第一次或第二次就能成交的生意上呢？"这一顿悟使他每天出门拜访的价值开始成倍地增长。

对工作进行了调整、分析之后，亨瑞感到要使工作效率得到更大的提高，就必须把生活和工作安排得井然有序。他说："我必须花时间做好工作计划。如果每次出门之前把 40 张或 50 张客户的名片丢在一起，就认为自己已做好出发前的准备工作的话，那只能算是自欺欺人，应该在每次出发之前，找出旧的工作记录，仔细地研究一下以前拜访客户时说过哪些话，做过哪些事，再写下当天拜访中要说的内容、提的建议，整理出当天的行动计划。安排好从星期一到星期五的约会时间是推销员必须做的工作。"

他发现要使一周的工作计划做得很充分，至少需要四到五个小时的时间。

这种做法使他的心态和工作效率有了很大的改观。对此，亨瑞说："任何事情都可能由别人代劳，唯有两件事情非要自己去做不可。这两件事一是思考，一是按照计划执行。"

在接下来的一周里，亨瑞严格地按工作计划去工作，每次出门的时候，再也不会因为毫无准备而团团转了。他回忆那段时间时说："从此我可以从容地带着热诚和自信去拜访每一位客户了。因为有了星期六上午的计划，我每天都渴望能见到这些客户，渴望和他们一道研究他们的情况，告诉他们我精心想出来的那些对他们有帮助的建议。在一个星期结束之后，我再也不会觉得精疲力竭，或者沮丧而没有成就感。相反，我感到前所未有的兴奋，并且迫不及待地希望下一个星期早些到来，我有信心在下一个星期得到更大的收获。"

一年之后，亨瑞骄傲地在同事面前展示了他的工作日记。一年之内他不间断地记录了 12 个月的工作情况，其中的每一笔记录都相当清楚，每天的每一个数字都准确无误。

几年之后，亨瑞把"自我规划日"从星期六上午移到星期五上午，使自己有更多的时间享受真正的周末。

保持积极心态

一个星期六的早晨，住在美国犹他州的一个牧师正在为第二天的布道词煞费苦心。他的妻子出去购物了，外面下着小雨，儿子强尼无所事事，烦躁不安；牧师随手抓起一本旧杂志，翻了翻，看见一张色彩鲜丽的世界地图。于是他把这一页撕下来，然后把它撕成小片，丢在客厅的地板上说："强尼，你把它拼起来，我就给你一块巧克力。"

牧师心想，他至少会忙上半天，自己也能安静地思考明天的布道词。谁知不到十分钟，儿子敲响了他书房的门，他已经拼好了。牧师十分惊讶，强尼居然这么快就拼好了。每一片纸头都拼在了它应有的位置上，整张地图又恢复了原状。

"儿子，你怎么这么快就拼好啦?"牧师问。

"噢，"强尼说："很简单呀！这张地图的背面有一个人的图画。我先把一张纸放在下面，把人的图画放在上面拼起来，再放一张纸在拼好的图上面，然后翻过来就好了。我想，假使人拼得对，地图一定拼得不错。"

牧师非常高兴，给了儿子一块巧克力，说："你不但拼好了地图，而且也教给了我明天布道的题目——假使一个人是对的，他的世界也是对的。"

这个故事的意义非常深刻，如果你不满意自己的现状，想力求改变它，那么首先应该改变的是你自己，即"如果你是对的，你的世界也是对的"。

心态具有无比神奇的力量。它既可以使一个人在浑噩中奋起拼搏，也可使一个人在安逸消闲中腐化堕落。你的未来将走哪一条路，决定于你的心态，决定于你是在快乐或是颓丧的心态支配下的人生选择。每个人都为不同的心态所驱使，哈佛哲学告诉我们：你要认识你自己，你要相信自己不是在地面踱步的鸭子，而是要变成一只展翅高飞，翱翔万里的雄鹰！

拿破仑·希尔曾讲过这样一个故事，相信它会对每个推销人员都有所启发：

塞尔玛陪伴丈夫驻扎在一个沙漠的陆军基地里。丈夫奉命到沙漠里去演习，她一个人留在陆军的小铁皮房子里，天气热得受不了——在仙人掌的阴影下也有125华氏度。她没有人可以聊天——身边只有墨西哥人和印第安人，而他们不会说英语。她非常难过，于是就写信给父母，说要丢开一切回家去。她父亲的回信只有两行，这两行信的内容却永远留在她心中，完全改变了她的生活：两个人从牢中的铁窗望出去，一个看到了泥土，一个却看到了星星。

看了回信的塞尔玛非常惭愧：父亲能从不同的角度看问题，我为什么不能呢？她很感谢自己的父亲，决定要在沙漠中找到“星星”。于是，塞尔玛开始有意识地和当地人交朋友，她主动地接近当地人，同当地人聊天，并对他们的纺织、陶器表示出兴趣，他们就把最喜欢但舍不得卖给观光客人的纺织品和陶器送给了她。这一切使塞尔玛高兴极了，并开始研究那些引人入胜的仙人掌和各种沙漠植物。她观看沙漠日落，还寻找海螺壳，这些海螺壳是几万年前这沙漠还是海洋时留下来的。原来难以忍受的环境变成了令人兴奋、流连忘返的奇景。

沙漠没有改变，印第安人也没有改变，改变的只是塞尔玛的心态。一念之差，使她把原先认为恶劣的环境变为一生中最有意义的冒险乐园。她为发现新世界而兴奋不已，终于看到了“星星”。

生活中，好多推销人员一遇到困难总是想：“我不行，还是算了吧。”不言而喻，他们失败了。成功者遇到困难，仍然保持积极的心态，用“我要！我能！”“一定有办法”等积极的意念鼓励自己，于是便能想尽方法，不断前进，直到成功。

拿破仑·希尔说，一个人能否成功，关键在于他的心态。成功人士与失败人士的差别在于成功人士有积极的心态；而失败人士则习惯于用消极的心态去面对人生。

我们从来没有见过持消极心态的人能够取得持续的成功。即使碰运气能取得暂时的成功，那成功也是昙花一现，转瞬即逝。

积极的心态实际上就是一种信念——相信自己，相信自己成功的能力。只有自己相信才能让别人相信，才能让别人看到一个乐观、自信的推销人员，他们才愿意买你的产品，因为是你的心态影响了他们的购买。

想要成功就要下定决心

很多推销员害怕顾客的拒绝，在磋商过程中始终在等待一个最好的机会以便提出成交请求，但遗憾的是，很多推销员无法清晰地辨认出真正的成交信号，于是在自己主观的彷徨与选择中失去最好的机会。

在销售场合中，推销员不仅要做到业务精通、口齿伶俐，还必须做到善于察言观色。推销员在出示产品之外还必须做更多的努力，在这个时候有些推销员会感到力不从心，尤其是看到客户并不急于购买时，推销员就容易丧失信心。但是如果推销员能够关注客户购买心理的阶段性变化，如注意力的转移、言语的变化，甚至口气的变化，然后针对这些变化采取针锋相对的措施，往往能够迅速达成交易。当然这需要推销员有察言观色的能力。

决心是取胜的法宝，克服优柔寡断的最佳方法就是下定决心。

马丹诺做推销员的时候只有 17 岁，他所有的亲戚朋友都非常反对他做推销员，所以马丹诺只有从拜访陌生人开始自己的工作。可是他又害怕在敲别人家门或跟陌生人谈论产品的时候会被拒绝，因此业绩一直无法突破。有一天，马丹诺的经理跑来找他，对他说："你今天跟我去拜访。"

马丹诺跟他下楼走到马路上，经理看到对面有一个小女孩，就告诉马丹诺："假如我走过这条马路后还没有办法向她推销产品，我走回马路时就让车撞死。"马丹诺听后吓了一大跳，认为他怎么可以说出这种话。

于是马丹诺看他走过马路，开始向这位小女孩推销产品，15 分钟之后，他终于把产品卖出去了。

于是，马丹诺如法炮制，开始向陌生人推销。可是，当他向陌生人开口的时候，头脑里马上想到万一被拒绝怎么办？于是心里又打起退堂鼓了。

后来马丹诺回到公司里面，找了一位同事并带他下楼，对他说："你看着，假如我无法向对面那个陌生人推销产品的话，我就走回马路让车撞死。"

当马丹诺说完这句话的时候，他的脑海里一片空白，根本不知道该如何推销。马丹诺不得不硬着头皮走过去，开始与陌生人交谈，他根本不知道自己要说什么，但是又不能走回头路，因为他刚刚做过承诺、发过誓。于是马丹诺使出浑身解数向这位陌生人推销产品。20 分钟之后，不可思议的事情发生了：陌生人终于买了马丹诺的产品。

后来马丹诺发现，原来是自己的决心帮助自己推销成功的。

在马丹诺 20 岁那年，他学习了一门课程，在课堂上老师告诉他："下一次还有一门非常棒的课程，这门课程可以帮助我们激发所有的潜能，让自己能够成为顶尖人物。"

马丹诺说："这门课程很好，可我没有钱，等我存够了钱再上。"这时候老师问他："你到底是想成功，还是一定要成功？"

马丹诺说："我一定要成功。"他又问马丹诺："假如你一定要成功的话，请问你会怎样处理这事情？"

于是马丹诺说，自己立刻借钱来上课。

当然，上完课之后，马丹诺有了很大的进步。

于是，老师又告诉他们："下次还有一门课程，仍然相当棒，会教授领导与推销方面的知识。”

马丹诺听了之后非常兴奋，可是他还是没有钱，想等到明年再上。

当时老师又问他：“你到底是想成功，还是一定要成功?”他又回答：“我当然一定要成功啊!”

“你一定要成功，那你要等到什么时候才来上课?你的收入不够，所以你没有钱，你更应该来上课才是，你说是不是呢?”于是马丹诺又借钱来上课。就这样反反复复，他一共借了十几万元来上课。

当上完这些课程之后，马丹诺的人生发生了一个非常大的改变，他认为自己这一辈子是在那几次课程中塑造出来的。

决心是制胜的法宝，克服优柔寡断，下定决心，那么一切困难都变成暂时性的了。销售过程中也是如此，销售人员要想成功，下定决心很重要。

空杯心态才能有求必得

一个人有一点能力，取得一些成绩和进步，产生一种满意和喜悦感，这是无可厚非的。但如果这种“满意”发展为“满足”，“喜悦”变为“狂妄”，那就成问题了。这样，已经取得的成绩和进步，将不再是通向新胜利的阶梯和起点，而成为继续前进的包袱和绊脚石，那就会酿成悲剧。

在这个世界上，谁都在为自己的成功拼搏，都想站在成功的巅峰上风光一下。但是成功的路只有一条，那就是学习。在这条路上，人们都行色匆匆，有许多人就是在稍一回首，品味成就的时候被别人超越了。因此，有位成功人士的话很值得借鉴：“成功的路上没有止境，但永远存在险境；没有满足，却永远存在不足；在成功路上立足的最基本的要点就是学习，学习，再学习。”

真正有本事、胸怀大志的人是不容易骄傲的。倒是那些胸无大志、一知半解的人，很容易骄傲。要想在成功的道路上走得稳健，必须戒骄戒躁，永不自满。销售员要以一种空杯为零的态度虚心学习，养成进取上进的良好习惯，这样才能有求必得。

克服恐惧，不怕被拒绝

销售人员是遭遇拒绝最频繁的人群，许多初入此行的人，容易因挫折而灰心丧气。这个时候销售人员最应该做的事情是反省自身，提高销售技巧。最重要的是，不要被拒绝摧垮。

小王是一名普通的推销员，他入职不久，只和熟人做过几单小生意。有一次，出于业务需要，他约了一家大公司的老板谈生意。这次机会很难得，经过多次预约，这位老板才答应和他见面。如果生意谈成，他至少能拿到几十万的订单。

自己从来没有接触过这种级别的人物，一想到此小王就非常紧张，生怕会出什么乱子。进到对方的办公室之后，他更是一下子被那装饰豪华气派的办公室震慑住了。以至于见到这位老板之后，结结巴巴几乎说不出话来。经过很大努力，他终于结结巴巴地说出来几句话："王老板，我早就……想见您……现在我来了，却紧张得说不出话来。"王老板修养很好，一直微笑地看着他。

奇怪的是，他开口承认自己心中的恐惧之后，恐惧却一下子不复存在了。下面的谈话就顺利得多了。有过这次偶然的经历，他得出了一条很管用的小窍门：每次遇到紧张的情况，就自己主动承认，然后紧张就自动消除了。

《羊皮卷》上说："我不是注定为了失败才来到这个世界上的，我的血脉里也没有失败的血脉在流动。我不是任人鞭打的羔羊，我是猛虎，不与羊群为伍。我不想听失败者的哭泣，抱怨者的牢骚，这是羊群中的性情，我不能被它传染。失败者的屠宰场不是我人生的归宿。

“从今往后，我每天的奋斗就如同对参天大树的一次砍击，前几刀可能留不下痕迹，每一击似乎微不足道，然而，积累起来，巨树终将倒下。这正如我今天的努力。”

李贵是一名保险推销员。一开始做销售的时候，他很敏感。不单是害怕拒绝，哪怕客户的一句冰冷的话语或一个冷漠的眼神都会让他感觉如芒刺在背。有一次，他甚至和一个心急气躁的客户吵了起来。

由于长期沉浸在这种压抑状态中无法自拔，李贵的工作效率很低。虽然工作时间比别人长，也比别人努力，可是销售成绩却一直赶不上别人。

他偶然遇到了一位销售界的前辈高手，向对方倾诉自己的苦衷。对方听到他的事情，语重心长地跟他讲了一席话，让他茅塞顿开、获益匪浅：“你的敏感其实是没有意义的。你想啊，如果一个客户拒绝了你，你以后就不会再见到这个人。在乎一个不存在的人的拒绝，岂不是很好笑？当然，一次拒绝并不代表就没有机会。如果你最终得到了这个客户，那么之前的拒绝就属于成功的过程，该值得骄傲才是。你以前之所以销售成绩不好，就是因为对失败和拒绝一直耿耿于怀。如果能够一笑而过，就既能让自己心情愉快，遗忘那些不开心的事，同时也容易获得客户的好感。何乐而不为呢？”

俗话说，万事开头难，做销售也不例外。对新手来讲，要顺利开展销售，有两个主要障碍需要克服。这两个障碍都是精神层面的，即“害怕失败”和“害怕拒绝”。

第一个案例告诉我们，承认害怕有助于消除害怕。初入行的销售人员都可以借鉴这个窍门。尤其不要害怕与大人物见面，而要把它当成是一种机会。当你遇见一个让你害怕的大人物时，要直言不讳地承认你的恐惧，而不要害怕出丑而故意遮掩。

害怕拒绝，是另外一种恐惧心理。顶尖销售人员当然已经达到不怕拒绝的境界。如果有人对他们说“不”，他们也不会因此感到受伤或气馁。他们不会因为遭到拒绝而沮丧地退回办公室或车里。因为他们有着强烈的自尊心和自我意识。但是很多销售员尤其是新手，常常会害怕潜在客户说“不”，害怕目标客户可能会对自己无礼、反感或批评。

按照定律，80%的销售拜访都会以被拒绝告终，原因可能是多方面的。但这并不一定就意味着销售人员自身或者他所销售的产品或服务有什么不好。人们说“不”只不过因为他们不需要，不想要，不能用，买不起或者别的原因。你必须认识到拒绝绝不是针对个人的，拒绝与你个人没有任何关联。克服了这两道障碍，不再害怕失败，不再害怕拒绝，你就成功了一半。

把学习当成一种信仰

有人认为销售只是一项技术活，完全靠嘴皮子说话，只要跟客户关系搞好，个人的学习和修养无关紧要。其实，最优秀的销售员，是最善于学习，最勤于学习的。学习不仅是一种态度，而且是一种信仰。

原一平有一段时间，一到星期六下午，就会自动失踪。

原一平的太太久惠是有知识有文化的日本妇女，因原一平书读得太少，经常听不懂久惠话中的意思。另外，因业务扩大，认识了更多更高层次的人，许多人的谈话内容，原一平也是一知半解。

所以，原一平选了星期六下午为进修的时间，并且决定不让久惠知道。

每周原一平都事先安排好主题。

原本久惠对原一平的行踪一清二楚，可是自从原一平开始进修后，每到星期六下午，就失踪了。久惠很好奇地问原一平："星期六下午你到底去了哪里?"

原一平没有告诉妻子久惠。

过了一段时间，原一平的知识长进了不少，与人谈话的内容也逐渐丰富了。

久惠说："你最近的学问长进不少。"

"真的吗?"

"真的啊！从前我跟你谈问题，你常因不懂而躲避，如今你反而理解得比我还深入，真奇怪。"

“这有什么奇怪呢?”

“你是否有什么事瞒着我呢?”

“没有啊。”

“还说没有，我猜想一定跟星期六下午的‘失踪’有关。”

原一平觉得事情已到这地步，只好全盘托出。

“我感到自己的知识不够，所以利用星期六下午的时间，到图书馆去进修。”

“原来如此。”

经过不断努力，原一平终于成为推销大师。

真正的幸运之神永远在勤奋的人旁边，只有不断地学习、不断地进步，才能变得越来越好。

无论什么时候，学习都是非常重要的事情。要时时储备知识，而且要掌握有用的知识，对知识要做好更新工作。

有许多推销员，特别是新手，都会苦于没有足够的推销信息。信息从哪里来呢?

让我们看看这位推销员是怎样说的吧。

“你得多参加公共活动，多看书报杂志，多动脑子，这样才能获取大量信息。说白了就是要不断学习，不断丰富充实自己。”

有人问:“你哪有时间读书报杂志并琢磨它呢?”

他们回答:“要学会利用时间。”

也许有人会说挤不出时间，那么他永远也不会成功。

爱默生说:“知识与勇气能够造就伟大的事业。”推销员要想成功，就要持续不断地学习，让自己的知识随时储备，不断更新。

现在的社会，要想永远立于不败之地，就必须使自己拥有核心的竞争力。要想拥有超强的核心竞争力，就必须拥有超强的学习力。

销售人员需要不断学习的知识主要包括以下几种：

1．市场营销知识

作为一名优秀的推销员，其任务就是对企业的市场营销活动进行组织和实施。因此，必须具有一定的市场营销知识，这样才能在理论基础上、实践活动及探索和把握市场销售的发展趋势上占优势。

2．心理学知识

现代企业的营销活动是以人为中心的，它必须对人的各种行为，如客户的生活习惯、消费习惯、购买方式等进行研究和分析，以便更好地为客户提供最大的方便与满足；同时实现企业利益的增加，为企业的生存和发展赢得一定的空间。

3．企业管理知识

一方面是为满足客户的要求；另一方面是为了使推销活动体现企业的方针政策、达到企业的整体目标。

4．市场知识

市场是企业和推销员活动的基本舞台，了解市场运行的基本原理和市场营销活动的方法，是企业和推销获得成功的重要条件。

勤奋是一切的前提

推销员选择了勤奋，就相当于选择成功。勤能补拙。大发明家爱迪生曾说，天才是百分之一的灵感，百分之九十九的汗水。意思是说，后天的努力才是成功的重点所在。有些人知识储备不足，学习能力不如别人，专业水平也不够，却想出人头地，这时只有勤奋能助他成功。

作为一个优秀推销员，要勤于接触客户。

俗话说见面三分情，人与人之间如果有几分熟悉，说起话来就亲切许多。中国人比较注重情感的交流，所以客户的培养必须从勤于接触开始，找机会和客户建立友谊，从内心深处真诚地关心客户，自然就可以获得相对应的认同，面对推销员的要求，客户也就不好意思拒绝了。特别是在谈话之中，若能善用肢体的接触更可以影响对方的思想。不过在面对女性客户时，使用这种方式要注意把握尺度。

作为一个杰出推销员，他们会勤练推销技巧。

没有人天生就具备超乎常人的推销能力，任何推销技巧都必须学习。

在学习之后必须不断地练习以提升自己的胆量，长久累积，推销能力就会有一个质的飞跃。需要注意的是，推销员千万不要好高骛远，许多不切实际的人往往是说得多做得少，光说不练绝对是无法达到目标的。

总之，推销这一行和其他行业一样，都需要勤奋。勤能补拙，勤奋造就天才。

不断地反省已身就是不停地向成功靠近

很多中国销售员喜欢抱怨客户，抱怨老板，但就是不会反省，认识不到自己身上的缺点和毛病，结果是屡犯错误难以获得提升或成长。而只有善于反省，才不会重复犯错误，才能一步一个脚印地前进。

日本近代有两位一流的剑客，一位是宫本武藏，另一位是柳生又寿郎。宫本是柳生的师父。

当年，柳生拜师学艺时，问宫本："师父，根据我的资质，要练多久才能成为一流的剑客呢？"

宫本答道："最少也要10年！"

柳生说："哇！10年太久了，假如我加倍努力地苦练，多久可以成为一流的剑客呢？"

宫本答道："那就要20年了"。

柳生一脸狐疑，又问："如果我晚上不睡觉，夜以继日地苦练，多久可以成为一流的剑客呢？"

宫本答道："你晚上不睡觉练剑，必死无疑，不可能成为一流的剑客。"

柳生颇不以为然地说："师父，这太矛盾了，为什么我越努力练剑，成为一流剑客的时间反而越长呢？"

宫本答道："要当一流剑客的先决条件，就是必须永远保留一只眼睛注视自己，不断地反省。现在你两只眼睛都看着一流剑客的招牌，哪里还有眼睛注视自己呢？"

柳生听了，当场开悟，终成一代名剑客。

从这个故事得到的启示是，要当一流的剑客，光是苦练剑术不管用，必须永远留一只眼睛注视自己，不断地反省；要当一流的推销家，光是学习推销技巧也不管用，也必须永远留一只眼睛注视自己。

反省就是反过身来省察自己，检讨自己的言行，看自己犯了哪些错误，看有没有需要改进的地方。

一般地说，自省心强的人都非常了解自己的优劣，因为他时时都在仔细检视自己。这种检视也叫作“自我观照”，其实质也就是跳出自己的身体之外，从外面重新观看审察自己的所作所为是否合理。这样做就可以真切地了解自己了。

能够时时审视自己的人，一般都很少犯错，因为他们会时时考虑：我到底有多少力量？我能干多少事？我该干什么？我的缺点在哪里？为什么失败了或成功了？这样做就能轻而易举地找出自己的优点和缺点。为以后的行动打下基础。

主动培养自省意识也是一种能力，要培养自省意识，首先得抛弃那种“只知责人，不知责己”的习惯。就有可能从他身上开发出250个新客户。

我们在研究潜在客户的时候总是先把朋友列出来，是朋友和潜在客户有必然的关联吗？不是这样的。对于一个从事推销工作的人来说，什么是朋友呢？你以前的同事、同学、在聚会或者俱乐部认识的人都是你的朋友，换句话说，凡是你认识的人，不管他们是否认识你，这些人都是你的朋友。同样，对于客户也是一样，他在自己得到某种实惠产品或便捷服务时也会有向朋友提起的可能，使他的朋友成为你的潜在客户。

世界一流推销大师金克拉在推销时，总是会随身携带两张纸，一张纸满满当当地写着许多人的名字和别的东西；另一张则是白纸。他拿这两张纸有什么用呢？原来那张有字的纸是客户的推荐词或推荐信，当他的销售遭到客户的拒绝时，他会说："××先生/女士，您认识杰克先生吧？您认识杰克先生的字迹吧？他是我的客户，他用了我们的产品很满意，他希望他的朋友也能感受到这份满意。您不会认为这些人购买我们的产品是件错误的事情，是吧？"

"您不会介意也把您的名字加入他们的行列中去吧？"

有了这个推荐词，金克拉一般会取得戏剧性的效果。

那么，另一张白纸是作什么用的呢？

当成功地销售出一套产品之后，金克拉会拿出一张白纸，说："××先生/女士，您觉得在您的朋友当中，还有哪几位可能需要我的产品？""请您介绍几个您的朋友让我认识，以便使他们与您一样也享受到优质服务。"然后把纸递过去。

85%的情况下，客户会为金克拉再推荐2~3个新客户。

金克拉就是这样运用客户推荐系统建立自己的储备客户群的。

这就是充分运用250定律，发挥人情优势的效果，通过客户与客户之间的人情连缀起自己的客户群体，这样的推销方式可以称之为连环式人情营销。

连环式人情营销是获得新客户的关键。当然，对于新手来说，由别人介绍来的生意不会很多，这就意味着你要花许多时间向不是由人介绍来的潜在客户进行推销。但到了一定的时间，给你介绍生意的人会逐渐多起来。

在连环式人情营销中，一定要记得主动提出推荐要求。如果你的客户很满意，那就是你请他帮你推荐买主的好时机。你应当问他，是否认识其他对该产品感兴趣的人，问他你是否可以利用这些关系。当然这种问话也需要掌握一些技巧。

比如你问："你有没有朋友想买汽车或电脑?"对方最可能的回答是"没有"或"目前没有"。原因是你问得太笼统，让他一时想不起来所有认识的人，更别说那些人对你的产品是不是有需要。在问话前不妨引导他去想一下，这样才能得到有价值的答复。

一定要了解的二八定律

有位十分勤快的销售人员，他几乎每个月都会把他负责的所有客户像梳子一样梳两遍，而且时间分布得相当均匀，大概算下来整个销售团队里就数他出差最多。可奇怪的是，他的业绩并不好，这位销售人员也很纳闷，自己问自己："不是说付出会有回报吗？为什么到我这儿就不适用了呢？"

销售主管看到他日渐消沉，于是找到他，并帮他分析问题出在哪里。当销售主管问清楚销售人员的销售举动后，对他说："你这样的工作热情非常好，它可以帮助你充分地了解你负责所有客户的大体情况，但是你的业绩不理想，是因为没有遵守'二八定律'。"

"二八定律"是意大利著名的经济学家维佛列多·巴瑞多提出的学说，当时，在意大利，80% 的财富为 20% 的人所拥有，并且这种经济趋势在全世界存在着普遍性——这就是著名的"80：20 原理"。后来人们发现，在社会中有许多事物的发展都符合这一法则。比如，社会学家说，20% 的人身上集中了人类 80% 的智慧，他们一生卓越；管理学家说，一个企业或一个组织往往是 20% 的人完成 80% 的工作任务，创造 80% 的财富。

销售也是如此。销售中的"二八定律"通常是指 80% 的订单来自 20% 的客户。例如，一个成熟的销售人员如果统计自己全年签订单的客户数目有 10 个，签订的订单有 100 万，那么按照二八定律，其中的 80 万应该只来源于两个客户，而其余 8 个客户总共不过贡献 20 万的销售额。这在销售界是经过验证的，所以又叫"二八铁律"。

在现实的工作中，还有这样一种情况：有些刚从事销售工作的新手确实不知道这个“二八定律”，而有些销售人员则是存在“畏难心理”而陷入误区的。比如那些重要的大客户往往由于事务繁忙平常不愿意见销售人员，即使见面也只有很短的时间，而那些不太重要的客户本来就相对比较空闲，有人倒是很愿意和销售人员说话，并且聊得很投机。渐渐地，对自己态度友好、有时间的客户那里销售人员就经常去；而对自己态度冷淡、没有时间和自己聊的大客户那里销售人员就不喜欢去，甚至怕去，导致销售人员把大把的时间都花在不出产订单的地方了。

所以，通过了解并掌握这个“二八定律”，销售员可以做到事半功倍。首先在较短的时间内准确判断出究竟哪些客户是高产客户，值得分配 80% 的精力去频频拜访，而哪些客户只需要保持一定频率的联系即可。然后是克服自身的心理障碍，敢于在难接触但是重要的客户那里投入时间和精力，最终将订单拿下。

我们将“二八定律”更进一步引向推销领域，同样具有指导意义，具体表现在以下几点：

对于刚从事销售工作的你来说，一定要拿出 80% 的时间和精力去向内行学习、请教，或用 80% 的时间和精力去参加培训。这样，在你真正从事推销工作的时候，你就可以用 20% 的时间和精力来取得 80% 的业绩。如果你一开始只用 20% 的时间和精力去学习新东西，那么，你花了 80% 的时间和精力，也只能取得 20% 的业绩。

对推销员来说，第一印象十分重要。第一印象 80% 来自仪表。所以，花 20% 的时间修饰一番再出门是必要的。在客户面前，你一定要花 80% 的努力去微笑。微笑是友好的信号，它胜过你用 80% 的言辞所建立起的形象。如果在客户面前，你只有 20% 的时间是微笑的，那么，会有80%的客户不愿看见你。

如果你要与一位重要客户商谈，最好能够了解他80%的个人“资讯”，对其个性、爱好、家庭、阅历掌握得越多越好，这样当你向他面对面推销的时候，就只要花20%的努力就可以达到80%的成功希望。如果你对客户一点儿都不了解，尽管你付出了80%的努力，也只有20%的成功希望。

“勤奋”应该作为你的灵魂。在你的推销生涯中，80%的时间是工作，20%的时间是休息。

80%的客户都会说你推销的产品价格高、质量差。杀价是客户的本能。但你大可不必花80%的口舌去讨价还价，你只需用20%的力量去证明你的东西为什么价格高就足够了。另外，一定要拿出80%的时间证明它能够给客户带来多大的好处，这才是重要的。

跨越缺陷，前方就是坦途

阿弗烈德·艾德勒小时候，有天早上醒来，突然发现他弟弟死在床上，就在他身旁。这一惊使他下了一个决心：做个医生，和死神搏斗。

艾德勒行医之初，发现一连串现象，从而使他对人的心灵有重大发现。他解剖尸体时，注意到以前并没特别受人注意的种种情况。他发现一具死尸的心脏大得异乎寻常，同时发现一个心瓣被堵住，血液不能充足流到肺里去。那心脏是为了应付这种缺陷而变大的吗？

一具死尸里有病的一个肾已经割掉，他发现剩下的那个肾也比寻常的大得多。他又发现一叶肺因为有病而萎缩，另一叶肺就可能变得更有力量。这些健全器官岂不正是想弥补不健全器官所失去的功能吗？骨头断了，会长出厚骨痂，为的是使骨头比以前更结实吗？这些现象一再出现，仿佛人体自有其规律：为了自保，本能地以强补弱。

艾德勒进一步研究下去，开始到各美术学校去观察学生的视力。结果发现学生十分之七以上视力都很差，只不过程度不同罢了。视力既然不好，这些学生为什么还偏要读必须用眼的专业呢？他发现这些学生从小就感觉到目力欠佳，因此特别努力，要使自己比别人看得更清楚，更敏锐。他们训练自己的观察能力，培养用眼睛看的乐趣，结果对视觉世界的兴趣比普通人大。

艾德勒又去研究大画家的生平，发现其中许多人的眼睛都有缺陷。眼睛不好而偏要做画家的人何以这样多呢？难道也是受他在解剖尸体时发现的那条补偿缺陷规律驱使吗?

他又去研究盲人，证实盲人的听觉、触觉和嗅觉都特别灵敏。贝多芬是令人惊奇的例子，他的听觉从小就有机能性的缺陷，28 岁时已经聋得很厉害。4 年之后，他如果不用耳筒，连整个乐队的声音都听不清楚。就在那年，他写出美妙的第二交响曲。耳朵全聋之后又写出更优美的英雄交响曲、月光奏鸣曲、第五交响曲以及不朽的第九交响曲。

他渐渐发现，这好像是一种定律，仿佛人往往因为早期的弱点而获得他们奋力以求的成就。人仿佛必须有个栏才会跳过去，栏越高，跳得也越高。后来，艾德勒将自己的发现总结出了著名的“跨栏定律”。

不可否认，每个人都存在着一定的缺憾，没有一个人堪称全能。然而，我们不必为缺陷自卑或自弃，只要我们敢于正视，承认缺陷的存在，努力加以克服，就一定能得到意外的收获。“跨栏定律”给我们的启示也在于此。相信上帝在关上一扇门的同时也会打开一扇窗户，多一点坚韧，你会找到成功销售的突破点。

管理好客户档案能给你更多的成交机会

推销员对客户信息记录的最终目的是建立自己的客户档案，这样即使时间紧迫，只要抽出一点时间浏览一下客户档案，就能立刻对客户的信息了如指掌。

在这方面，乔·吉拉德是个典范。

乔·吉拉德说："你要记下有关客户和潜在客户的所有资料——他们的姓名、地址、联系电话，他们的孩子、嗜好、学历、职务、成就、旅行过的地方、年龄、文化背景及其他任何与他们有关的事情，这些都是有用的推销情报。

"所有这些资料都可以帮助你接近客户，使你能够有效地跟客户讨论问题。谈论他们感兴趣的话题，有了这些材料，你就会知道他们喜欢什么，不喜欢什么，你可以让他们高谈阔论，兴高采烈，手舞足蹈……只要你有办法使客户心情舒畅，他们就不会让你大失所望。"

当然，客户档案的建立不仅要随手记录下来，还必须及时进行档案整理。

刚开始工作时，吉拉德把搜集到的客户资料写在纸上，塞进抽屉里。后来，有几次因为缺乏整理而忘记追踪某一位准客户，他开始意识到自己动手整理客户档案的重要性。他去文具店买了日记本和一个小小的卡片档案夹，把原来写在纸片上的资料全部做成记录，建立起了他的客户档案。

即使对于已经成交的客户，这些档案记录也能发挥作用。通过对这些客户购买记录的详细分析，可以把握住客户的深层购买趋势，从而便于进行更持久的销售。其实，这种档案管理与分析的方法不仅仅是推销员的特例，也是诸多商家采取的一种策略。

号称“经营之神”的王永庆最初开了一家米店，他把到店买米的客户家米缸的大小、家庭人口和人均消费数量记录在心。估摸着客户家里的米缸快没米时，不等客户购买，王永庆就亲自将米送上门，因此深得客户的好评和信任。这种经营方法和精神使王永庆的事业蒸蒸日上。

王永庆之所以能够做到这些，是因为他通过对客户购买记录的分析，在心里已经为各个客户做了一个详细的销售计划，这一计划一旦开展起来，那么销售的就不只是产品了，而是一种服务。

在这一方面，华登书店做得非常好。他们充分利用客户购买纪录来进行多种合作性推销，取得了显著效果。最简单的方法是按照客户兴趣，寄发最新的相关书籍的书目。

华登书店把书目按类别寄给曾经购买相关书籍的客户，旨在鼓励客户大量购买。除了鼓励购买之外，这也是一项目标明确、精心设计的合作性推销活动——引导客户利用本身提供给书店的资讯，满足其个人需要，找到自己感兴趣的书。活动成功的关键在于邀请个别客户积极参与，告诉书店自己感兴趣和最近开始感兴趣的图书类别。

华登书店还向会员收取小额的年费，并提供更多的服务，大部分客户也都认为花这点钱成为会员是十分有利的。客户为什么愿意加入呢？基本上，交费加入“爱书人俱乐部”，就表示同意书店帮助自己买更多的书，但客户并不会将之视为敌对性的推销，而是合作性的推销。

通过对客户购买记录的分析，华登书店适时开发了新的营销模式，把推销变为为客户提供更全面的服务，从而加大了客户的购买力度，增加了销售量。

而对于推销员来说，如果要以明确的方式与个别客户合作，最重要的是要取得客户的回馈以及有关客户个人需求的一切资料。一般来说，拥有越多客户的购买记录，也就越容易创造和客户合作的机会，进而为客户提供满意的服务。

不同的努力导致不同的结果

因果定律其含义为：今天的结果是昨天造成的，今天又为明天种下了因。这个法则是如此深奥且具影响力，以致世人往往称之为人类命运的“铁律”。它几乎可以解释所有发生在你身上的事情。

正如同“物有本末，事有终始”“种瓜得瓜，种豆得豆”的道理一样，该定律告诉我们：人这一世的生命发展，可以由不同的努力（不同的因），而得到不同的发展（不同的果）。所谓“事在人为”“人定胜天”，也是因果定律的另一种说法。

如果你在任何一个领域里种下同样的因，你终究会得到和别人同样的果。这并不是奇迹，不是要靠好运，也不是由“天时地利”所决定的。

如果你觉得生活沉闷，就应该检查一下自己付出了多少。从有人说：“我天天早睡早起，经常做运动，不断充实自己，培养人际关系，并且尽心尽力地工作，然而生活中却没有一件好事。”生活是一个因果循环系统。如果生活中一点好事都没有，那就是你的错了。只要你了解你的现状是自己一手造成的，你就不再会觉得自己是受害者。

在你的销售职业生涯中，因果定律告诉你：如果你要成为某一行业中最成功、收入最高的人，你就要去发现其他高收入、高成就的人所做的事情，并且学着去做。如果你能够做得和他们一样好，你最后也会得到同样的结果。

爱默生曾说过，因与果，手段与目的，种子与果实是不可分割的。因为果早就酝酿在因中，目的存在于手段之前，果实则包含在种子中。

爱默生在他的随笔《论报酬》中写道，每一个人会因他的付出而获得报酬。这项法则叫作报酬法则，也可以被称作耕耘收获法则。这表示不管你耕耘的种类与多寡，你永远会因付出与努力而获得报酬。

博恩·崔西认为：报酬法则的含义是，以长期来看，你的报酬绝对不会越过你的付出。你今天的收入就是过去努力的报酬。假如你要增加报酬，就要增加你的价值贡献量。

你的心态、快乐与满足感，是耕耘心态的结果。假如你将许多思想、远景、成功的意念、快乐和乐观放进心里，就会在日常活动中得到积极肯定的经验。

你生活中的主要责任就是要把因果法则（及其必然结果）紧密地应用在自己及行动上面，不管别人是否在看，你都要坚信这个法则必定有效。你的工作就是播种你期待欢乐生活的种子。如果你这么做，必定会获得并享受你的收获。

阿穆尔饲料厂的厂长麦克道尔之所以能够由一个速记员一步一步往上升，就是因为他能做别人并未希望他做到的工作。他最初是在一个懒惰的书记之下做事，那书记总是把事情推给下面的职员去做。他觉得麦克道尔是一个可以任意指派的人，有一次，阿穆尔先生叫他编一本前往欧洲时需要的密码电报书，那个书记的懒惰使麦克道尔有了做事的机会。

麦克道尔做这个工作时，并不是随意简单地编几张纸片，而是把它们编成了一本小小的书，并且用打字机清楚地打出来，然后再用胶装订得好好的。做好之后，那个书记便把电报本交给阿穆尔先生。

“这大概不是你做的吧?”阿穆尔先生问。

“不……是……”那书记战栗地回答道。

“是谁做的呢?”

“我的速记员麦克道尔做的。”

“你叫他到我这里来。”

麦克道尔来到办公室,阿穆尔说:“小伙子,你怎么会想到把我的电码做成这个样子的呢?”

“我想这样你用起来会方便些。”

“你什么时候做的呢。”

“我是晚上在家里做的。”

“啊,我很喜欢它。”

过了几天之后,麦克道尔便坐在前面办公室的一张写字台前;再过一些时候,他便顶替了以前那个书记。

你要比你所能做的还要多做一点,把这种额外的工作作为一种刺激,尽力做你所能做的。这样做你更有一种满足的感觉,即使你还没有得到回报。

在销售中,多份热忱,多份付出,你才会有额外的收获。

做事的态度是成功的关键

一切取决于销售人员的态度，而不是客户。这一定理是由美国“保险怪才”斯通提出的，意思是对于同样一件事，用不同的态度去对待，就会有不同的结果。

“态度决定一切”是在美国西点军校广为流传的一句名言。这句名言告诉我们没有什么事情是做不好的，关键要看做事的态度。要想成为一名优秀的销售人员，就要切记：一切归结为态度，你付出了多少，你采取什么样的态度，就会得到什么样的结果。

著名的推销商比尔·波特在刚刚从事推销业时，屡受挫折，但他硬是一家一家走下去，终于找到了第一个买家，成了一名走街串巷的英雄。如今的他，成了怀特金斯公司的招牌。比尔·波特说：“决定你在生活中要做的事情，要看到积极的一面，没有实现它之前要永远地勤奋下去。”

1932 年，比尔出生时因难产导致大脑患上了神经系统瘫痪，这影响了比尔说话、行走和对肢体的控制。专家们说他永远不能工作。

比尔受到妈妈的鼓励，开始从事推销员的工作。他从来没有将自己看作是“残疾人”。开始时，好几家公司都拒绝了他，但比尔坚持下来，发誓一定要找到工作，最后怀特金斯公司很不情愿地接受了他。

1959 年，比尔第一次上门推销，反复犹豫了四次，才最终鼓足勇气按响了门铃。开门的人对比尔推销的产品并不感兴趣。接着第二家，第三家。比尔的生活习惯让他始终把注意力放在寻求更强大的生存技巧上，所以即使顾客对产品不感兴趣，他也不感觉灰心丧气，而是一遍一遍地去敲开其他人的家门，直到找到对产品感兴趣的顾客。

38年来，他每天几乎重复着同样的路线，去从事推销工作。不论刮风还是下雨，他都背着沉重的样品包，四处奔波。比尔几乎敲遍了这个地区的所有家门。当他做成一笔交易时，顾客会帮助他填写好订单，因为比尔的手几乎拿不住笔。

每天出门14个小时后，比尔会筋疲力尽地回到家中，此时关节疼痛，而且偏头痛还时常折磨着他。每隔几个星期，他就打印出订货顾客的清单，因为他只有一个手指能用，这项简单的工作要用去他10个小时的时间。深夜，他通常将闹钟定在4点45分，以便早点起床开始明天的工作。

一年年过去了，比尔负责的地区的家门越来越多地被他打开，他的销售额渐渐地增加了。24年过去了，他上百万次地敲开了一扇又一扇的门，最终他成了怀特金斯公司在西部地区销售额最高的推销员，成为推销技巧最好的推销员。

怀特金斯公司对比尔的勇气和杰出的业绩进行了表彰，他第一个得到了公司主席颁发的杰出贡献奖。在颁奖仪式上，怀特金斯公司的总经理告诉他的雇员们："比尔告诉我们：一个有目标的人，只要全身心地投入到追求目标的努力中，坚持不懈地勤奋工作，那么工作中就没有事情是不可能做到的。"

世上无难事，只怕有心人，古语早就教导我们，做任何事情都必须下定决心，不怕苦不怕累，只要认真地去做了，人生就会无憾，也相对会得到一个好的结果。

成败往往在一念之间。一个人能否成功，就要看他对待事业的态度。成功者与失败者之间的区别就是，成功者始终用最积极的行动、最乐观的精神和最丰富的经验支配和控制自己的人生；而失败者则刚好相反，他们的人生是受过去的种种失败与疑虑所引导和支配的。

销售人员要懂得“将心比心，以情换情”，要认识到真诚的态度胜过一切。要想获得客户的认同与信任，就要与他们真诚交流，耐心听取他们的意见、需求和顾虑。只有在理解了客户的需求之后，销售人员才能担当好客户的顾问，才能把产品成功销售给客户。

我们应该明白，那些很多轻易放弃的人，也许也有很强的成功欲望，有很强的工作能力。但是由于他们没有足够的恒心，遇到一点小小的挫折就轻言放弃，导致成功并没有青睐他们。

确定时间只要一只手表就够了

只有一只手表，可以知道是几点，拥有两只或两只以上的手表，却无法确定是几点；两只手表并不能告诉一个人更准确的时间，反而会让看表的人失去对准确时间的信心，这就是著名的“手表定律”。

“手表定律”给我们一种非常直观的启发：对一个企业，不能同时采用两种不同的管理模式，不能同时设置两个不同的目标，否则将使这个企业无所适从；一个人不能由两个以上的人来指挥，否则将使这个人无所适从；一个人不能同时选择两种不同的价值观，否则，他的行为将陷于混乱。

确定一个准确的时间并不需要两只表，一只手表就已足够。你要做的就是选择其中可信赖的一只，尽力校准它，并以此作为自己的标准，听从它的指引行事。记住尼采的话：“兄弟，如果你是幸运的，你只要有一种道德而不要贪多，这样，你过桥更容易些。”

如果每个人都“选择你所爱，爱你所选择”，那么无论成败都可以心安理得。而在生活中，我们时常会面临“两只表”的困境，因为人无时无处不在选择之中，但是，一旦承担起选择的责任，我们就会体味到选择的困境——选择的两难。困扰很多人的是：他们被“两只表”弄得无所适从，不知自己该相信哪一个，还有人在环境、他人的干扰下，违心选择了自己并不喜欢的道路，为此而郁郁终生。

一位哲学家曾说：“人不可能同时踏入两条河流。”因此，我们必须随时作出选择，必须学会舍弃，坚定自己的目标。

选择是一个连续的过程，没有所谓“正确的选择”，只有“选择正确的方向”。一开始，个人的选择空间通常非常狭小，往往不能完全自主地作出决定，但总有一定的选择余地，如何把握有限的选择权，使其朝向一个正确的方向十分重要。

手表定律应用性广泛，首先表现在我们对目标的选择上：每个人都不能同时选择两种不同的目标，否则人的行为将陷于混乱。

有人问罗斯福总统夫人：“尊敬的夫人，你能给那些渴求成功特别是那些年轻、刚刚走出校门的人一些建议吗？”

总统夫人谦虚地摇摇头，但她又接着说：“不过，先生，你的提问倒令我想起我年轻时的一件事：那时，我在本宁顿学院念书，想边学习边找一份工作做，最好能在电讯业找份工作，这样我还可以修几个学分。我父亲便帮我联系，约好了去见他的一位朋友，当时任美国无线电公司董事长的萨尔洛夫将军。

“等我单独见到了萨尔洛夫将军时，他便直截了当地问我想找什么样的工作，具体哪一个工种？我想：他手下的公司任何工种都让我喜欢，无所谓选不选了。便对他说，随便哪份工作都行！

“这时将军停下手中忙碌的工作，眼光注视着我，严肃地说，年轻人，世上没有一类工作叫‘随便’，成功的道路是目标铺成的！

“将军的话让我面红耳赤。这句发人深省的话语伴随我的一生，让我以后非常努力地对待每一份新的工作。”

如果我们非常想得到某件东西，我们就必须把它作为自己坚定的目标。

当你问起NBA职业篮球高手“飞人”迈克尔·乔丹，是什么因素使得他不同于其他职业篮球运动员的表现，而能多次赢得个人或球队的胜利？是天分吗？是球技吗？抑或是策略？他会告诉你说：“NBA里有不少有天分的球员，我也可算是其中之一，可是使得我跟其他球员截然不同的原因是，你绝不可能在NBA里再找到我这么拼命的人。我只要第一，不要第二。”

你或许会感到不解，到底迈克尔·乔丹拼命不懈的动力来源于何处？那是发生于他念高中一年级时一次在篮球上的挫败，激起他决心不断地向更高的目标挑战。就在这个目标的推动下，飞人乔丹一步步成为全州、全美国大学，乃至于NBA职业篮球历史上最伟大的球员之一。

那天，乔丹被学校篮球队退训。回到家，他哭了一个下午。在那个重大打击下，他原可能就此决定不再打篮球了，可是没有，他反而把这个教训转变为强热的愿望：为自己制定一个更高的标准，更高的目标。他的决定出自内心且很坚决，由此改变了自己的命运，也让篮球比赛的发展为之改观。他不仅要重新成为球队的一员，并且还要成为最棒的。

在升高二之前的暑假中，他找到校队教练克里夫顿·贺林寻求帮助，每天在教练的指导下进行密集训练。终于，他被选入校队参加比赛。10年之后，他更证明了NBA芝加哥公牛队教练道格·柯林斯的见解：准备得越充足，幸运就越会跟着来。经常有很多人不愿意给自己制定目标，因为害怕失败所导致的失望。当然，也会有人给自己设定多个目标，可后来却让自己变得无所适从。因为他们始终不懂得，“设定一个唯一、明确的目标乃是成功的基石”。

在很多时候，我们无法兼顾多方面的情况，所以一定要抓住生命中的主要问题，给自己一个坚定明确的方向：追求生命真正的价值，哪怕舍弃一些眼前的利益。什么都想要，结果是什么也得不到。把一件事情放到不同的坐标系里去衡量，就如同用不同的手表来确定时间，最后只能是把自己搞糊涂，无法知道准确的时间。

找对方法就一定能推销成功

犹太人阿曼德·哈默1898年生于纽约，在20世纪20年代与苏联进行了大量的易货贸易，后来他又涉足艺术品收藏、拍卖、酿酒、养牛与石油等行业，在每一个领域里都取得了非凡的成功。无论从哪个方面说，他都是一个带有传奇色彩的人物。

1956年，哈默收购濒临倒闭的西方石油公司，逐步使其成为世界最大的石油公司之一。

1987年他完成了《哈默自传》，这是他一生成功经验的浓缩，在这本书里，就有哈默定律。哈默定律说的是：天下没什么坏买卖，只有蹩脚的买卖人。

我们先看一则哈默的故事：

1931年，美国著名企业家哈默从苏联回到美国。这时，美国正在进行总统换届选举。哈默通过深入分析，认定罗斯福会获胜。哈默知道，罗斯福喜欢喝酒，他一旦竞选成功，1920年公布的禁酒令就会被废除。到那时，威士忌和啤酒的生产量将会十分惊人，市场上将需要大量的酒桶用以装酒。这里面蕴藏着巨大商机。用来制作酒桶的木材非一般木材，而是经过特殊处理的白橡木。哈默在苏联生活多年，他知道苏联盛产白橡木。于是，他立即决定返回苏联去订购白橡木板。

哈默将这些木材运到美国，并在纽约码头附近设立了一间临时的酒桶加工厂，作为应急的储备。同时，他在新泽西州建造了一个现代化的酒桶加工厂，取名哈默酒桶厂。哈默酒桶厂开业的时候，

“禁酒令”尚未解除，所有的人都觉得他是个疯子。然而，当哈默的酒桶生产线日趋成熟的时候，罗斯福下令解除了禁酒令。人们对威士忌的需求急剧上升，各酒厂的生产量随之直线上升，但却为怎么弄到大批酒桶发愁。此时，哈默早已给酒厂准备好了大量酒桶。生产酒类的厂家有许多，而大规模生产酒桶的工厂却“只此一家”，哈默酒桶厂的赢利远远超过了酒厂。哈默的成功是与其超于常人的商业悟性分不开的。

天下没有蹩脚的生意，只有蹩脚的买卖人。从哈默身上使我们看到成功的真谛：无论产品的好坏，无论销售场合的繁华和简陋，只要我们找对方法，就一定能够推销成功。